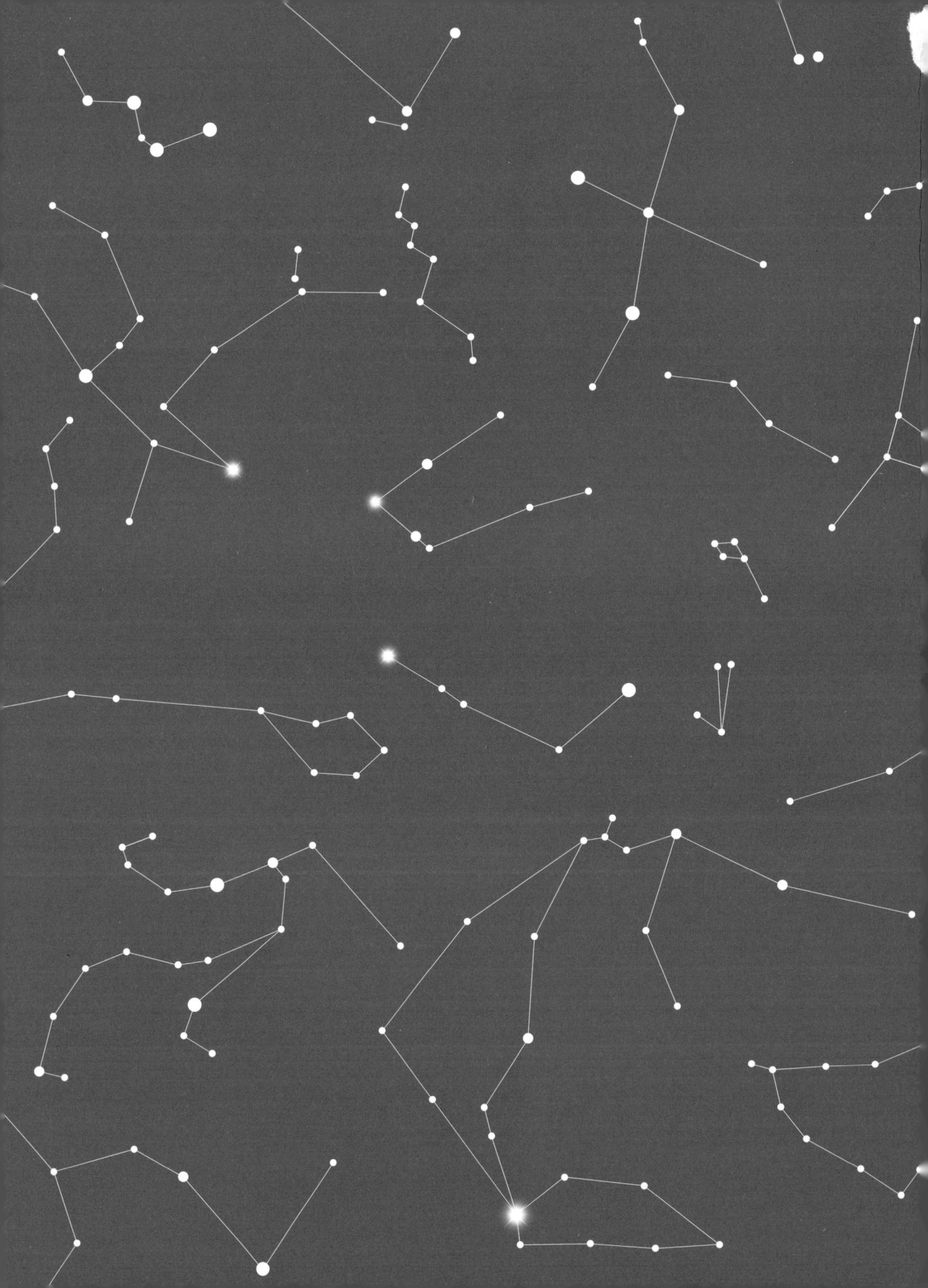

별가족 블랙홀에 빠지다

**별가족 블랙홀에 빠지다**

**초판 1쇄** 2010년 5월 3일 | **초판 5쇄** 2019년 9월 30일
**글** 김지현 | **그림** 김주경 | **사진** NASA, 박승철
**편집** 윤정현·김가설 | **마케팅** 강백산, 강지연 | **디자인** 조희정

**펴낸이** 이재일

**펴낸곳** 토토북 04034 서울시 마포구 양화로11길 18, 3층(서교동, 원오빌딩)

**전화** 02-332-6255 | **팩스** 02-332-6286

**홈페이지** www.totobook.com | **전자우편** totobooks@hanmail.net

**출판등록** 2002년 5월 30일 제10-2394호

ISBN 978-89-6496-000-4  74400
      978-89-90611-54-3 74400(세트)

ⓒ 김지현 김주경, 2010

이 책은 저작권법에 의해 보호를 받는 저작물이므로 무단 전재 및 무단 복제를 금합니다.
잘못된 책은 바꾸어 드립니다.

| | |
|---|---|
| **제품명**: 별가족 블랙홀에 빠지다 | **제조자명**: 토토북 | **제조국명**: 대한민국 | **전화**: 02-332-6255
**주소**: 서울시 마포구 양화로11길 18, 3층(서교동, 원오빌딩) | **제조일**: 2019년 9월 30일 | **사용연령**: 8세 이상
* KC 인증 유형: 공급자 적합성 확인
* KC마크는 이 제품이 공통안전기준에 적합하였음을 의미합니다.

⚠ **주의** 책의 모서리에 다치지 않게 주의하세요.

# 별가족 블랙홀에 빠지다

짝별에서 초신성까지 알쏭달쏭 우주의 비밀

김지현 글 ★ 김주경 그림

www.totobook.com

# 별가족, 우주 탐험을 떠나다!

달빛이 방긋 눈인사를 건네며 창문에 비쳤다. 저녁밥이 너무 맛있어서 허겁지겁 먹었더니 내 배는 보름달이 들어앉은 것처럼 볼록 솟았다. 의자에 반쯤 누워서 배를 토닥이는데, 슬금슬금 움직이는 그림자가 창문 아래로 지나갔다.

"똑똑, 똑똑."

'누가 왔지?'

고개를 갸우뚱하며 현관문을 열자마자 나는 그만 깜짝 놀라 쓰러질 뻔했다. 검은 양복에 검은 안경을 쓴 사람들이 다짜고짜 들이닥친 것이다. 솔이와 엄마는 아빠 뒤에 얼른 숨었다. 아빠는 눈을 부릅뜨고 아저씨들을 막아섰다.

그때, 검은 옷의 무리 뒤에서 별 모양 모자를 쓴 아저씨가 아빠

앞으로 다가와 정중하게 인사했다.
"놀라게 해서 미안합니다. 급히 중요한 소식을
전하려다 보니 그만…."
별 모자 아저씨는 가방에서 별 지도가 그려진
서류 봉투를 꺼냈다.
"우리는 비밀리에 우주선을 만들었어요.
아무도 상상하지 못한 놀라운
우주선이지요. 첫 번째 탑승객으로
재범이네 별가족을 선발했어요.
자, 여기 우주선 탑승권을 받으세요."
아빠는 서류를 받아 들고 재빨리
훑어보다가 갑자기 소리를 내질렀다.
"우와! 한 달 만에 우리 은하 전체를
둘러볼 수 있다니. 이건 믿을 수
없는 일이야!"

별 모자 아저씨는 커다란 우주선 사진을 펼치며 말했다.

"우주선에 아주 특별한 로켓 장치를 달았어요. 사차원 로켓과 순간 이동 로켓으로, 먼 별까지도 순식간에 갈 수 있답니다."

별 모자 아저씨가 내민 우주선 사진을 보면서 가슴이 마구 쿵쾅거렸다.

"정말 멋있어요! 아저씨, 그런데 왜 우리 가족이 뽑힌 거죠?"

"별과 우주에 관심이 많고 용기와 지혜를 가진 가족을 찾아 전 세계를 돌아다녔지. 우주 탐험을 하다 보면 길을 잃을 수도 있고, 갑자기 폭발하는 별을 만날 수도 있거든. 이런 힘들고 위험한 일을 잘 이겨 낼 수 있는 가족을 찾아 헤맸어. 서로 돕고 사랑하는 행복한 가족 말이야."

그때까지 엄마 뒤에 숨어 있던 동생이 별 모자 아저씨 앞으로 쪼르르 달려갔다.

"아저씨, 안녕! 우리 가족은 모두 별을 좋아해."

"네가 솔이구나. 《별가족, 태양계 탐험을 떠나다》 책에서 보았다. 반가워! 그 책을 보고 나서 솔이네 가족을 우주선의 첫 번째 탑승객으로 결정했어. 우리가 찾아다닌 바로 그런 가족이니까."

어찌나 놀랐는지 그날 저녁만 떠올리면 아직도 가슴이 두근거린다. 이렇게 해서 우리 가족은 우주 탐험을 떠나게 되었다. 앞으로 어떤 일들이 벌어질지 매우 궁금하다. 이 책을 읽는 친구들도 우리 가족과 함께 우주 탐험을 떠나면 좋겠다.
"다 함께 외쳐요. 우주선 출발!"

## 차례

- 4 　별가족, 우주 탐험을 떠나다!
- 10 　길잡이별을 따르다
  - 20 ★ 별 지도는 어떻게 읽을까?
- 22 　늘 붙어 있는 짝별
  - 32 ★ 짝별을 찾아라!
- 34 　우주의 등대, 변광성
  - 44 ★ 변덕쟁이 변광성 삼총사
- 46 　별 구름 선물을 나눠 드립니다
  - 56 ★ 어떤 모양 성운이 제일 예쁠까?

130 별가족, 지구의 품으로!

118 블랙홀로 빨려 들다
128 ★ 우주의 구멍, 블랙홀

106 천억 곱하기 천억 개의 별이라니!
116 ★ 별빛이 아름답게 흐르는 은하

94 외계 태양계에서 만난 외계인
104 ★ 신비로운 외계 태양계

82 천체 망원경으로 우주를 널리 열다
92 ★ 천체 망원경을 들여다볼까?

70 위험천만, 폭발 직전의 초신성에 다가가다
80 ★ 죽음을 앞둔 초신성

58 아기라고 얕보지 마, 이래 봐도 1억 살이라고!
68 ★ 별들의 모임, 성단

내가 우주로 안내할게.

# 길잡이별을 따르다

우주선 조종실 앞쪽의 커다란 창을 바라보았다. 까만 우주 공간에 밝은 별이 드문드문 보였다. 지구를 떠나 우주 탐험을 시작했다는 사실이 아직 믿기지 않았다. 창 아래쪽에는 신기하게 생긴 조종 장치가 잔뜩 있었다. 엄마와 아빠는 조종석에 앉아서 우주선 조종법을 열심히 익히고 있었다.

"오빠! 이리 와 봐."

솔이가 조종실 오른쪽 끝에서 눈을 동그랗게 뜨고 불렀다. 달려가 보았더니 거기에는 고양이 얼굴을 그려 놓은 문이 있었다.

"엄마, 여기 이상한 문이 있어요."

"미안, 이쪽 일이 더 급해서 갈 수가 없어."

나는 문을 열고 살금살금 기어 들어갔다. 방 한가운데 내 키만 한 천체 망원경이 우뚝 서 있었다. 둥그런 천장은 유리로 덮여 있고 그 너머로

별들이 총총히 빛났다. 망원경이 놓여
있는 바닥에는 별 모양의 버튼이 반짝거렸다.
"별이다! 한번 눌러 봐야지."
"함부로 만지면 안 돼, 솔이야!"
하지만 때는 늦었다.
'드드드 쿵쿵.'
우주선이 갑자기 흔들렸다. 놀라서 바닥에 납작 엎드렸다.
"어휴! 누구야, 단잠을 깨우는 게."
망원경 뒤쪽 방바닥에서 네모난 문이 열리더니 고양이 모양의 로봇이
어슬렁거리며 나타났다. 로봇은 졸린 눈을 비비며 망원경
앞에 철퍼덕 앉았다.
"이 버튼을 누르면 우주선의 길잡이별이
바뀐다고. 너희 때문에 북극성 맞추기를
다시 해야 하잖아."
언제 들어오셨는지 엄마가 내 등 뒤에 서서 말했다.
"내가 도와줄까? 국자처럼 생긴 북두칠성에서
국 담는 부분 알지? 거기 제일 끝에 있는
두 별 간의 거리를 다섯 배 늘려 가면

북극성을 만나지. 또 카시오페이아자리를 이용해서 찾는 법도 있어."

고양이 로봇은 엄마를 흘깃 쳐다보며 말했다.

"흠, 제법 아시는군."

이번에는 아빠가 한마디 했다.

"지구의 자전축은 북극성을 향하고 있어. 그러니까 북극성이 바로 방향을 정하는 기준이 되는 것이지."

나도 질세라 거들었다.

"지구에서 보면 밤하늘의 별들이 북극성 둘레를 도는 것처럼 보여."

고양이 로봇은 놀란 듯 눈썹을 한번 치켜세우고 나서 말했다.

"우와! 대단한 별가족이다. 아무튼 만나서 반가워. 내 이름은 코코야."

코코는 날렵한 손놀림으로 망원경을 움직여 북극성을 맞췄다. 나는 둥근 유리 천장을 보다가 문득 천문대를 다녀온 기억이 났다.

"코코야, 유리 천장을 열어야 되지 않아?"

"헤헤, 저 유리는 아주 특별한 거야. 별빛을 정확히 볼 수 있게 해 주니까 걱정 안 해도 돼."

코코는 북극성을 잘 맞춘 다음 별 모양 버튼을 눌렀다. 우주선은 다시 부드럽게 움직이며 제자리를 찾았다. 코코가 우주선 구경을 시켜 준다기에 따라나섰다. 솔이와 코코는 벌써 친구가 된 듯 서로 바싹

### ★ 북극성 둘레를 도는 별

지구가 하루에 한 번 스스로 도는 것을 '자전'이라고 불러요. 태양이 동쪽에서 떠서 남쪽 하늘을 지나 서쪽으로 지는 것도 지구의 자전 때문에 나타나는 현상이지요. 밤하늘의 별도 마찬가지랍니다. 별은 그냥 제자리에 있는데 지구가 자전하니까 별이 움직이는 것처럼 보이는 거예요. 그런데 북극성은 왜 가만히 있는 걸까요? 아하! 그건 지구의 자전축이 가리키는 방향에 북극성이 있기 때문이에요. 그래서 지구가 자전을 해도 북극성은 가만히 있는 것처럼 보여요. 하지만 다른 별들은 북극성 둘레를 둥글게 도는 것처럼 보이지요.

붙어서 재잘거리며 앞장섰다.

"난 말이야, 이 우주선에 대해서는 모르는 게 없어."

"와, 정말? 앞으로 궁금한 게 생기면 무엇이든 물어볼게."

"그래, 그래."

 조종실 뒤쪽 복도를 지나자 둥글고 널찍한 방이 나왔다. 바닥이 두꺼운 유리라서 아래쪽이 훤히 보였다. 코코의 눈에서 빛 신호가 반짝하고 나가자 놀라운 일이 벌어졌다. 푸른 빛줄기 속에 입체 홀로그램으로 별자리 영상이 나타났다. 북두칠성과 카시오페이아자리도 보였다.

"북극성을 찾을 줄 알면 큰 도움이 돼. 깜깜한 밤에 북극성을 보고 방향을 정할 수 있거든."

"나중에 무인도 탐험할 때 써먹어야겠다."

"그렇지. 혹시 길을 잃더라도 북극성을 길잡이로 삼으면 돼."

"코코, 알려 줘서 고마워."

코코는 신이 나서 계속 설명했다.

"북극성으로 방향을 알고 나면 사계절의 별자리를 찾을 때도 도움이 돼."

봄, 여름, 가을, 겨울의 별자리를 어떻게 나누는지 코코에게 배웠다. 저녁 시간에 동남쪽 하늘에 떠 있는 별자리가 바로 그 계절의 별자리다. 그러니까 봄철 별자리를 찾으려면 봄날 저녁에 동남쪽 하늘을 살펴보고,

여름철 별자리는 여름날 저녁에 역시 동남쪽 하늘을 보아야 한다. 새로운 사실을 알고 나니까 별이 눈에 쏙쏙 들어왔다.

"코코야, 좀 이상해. 북극성이 제일 밝은 별이 아니네. 더 밝은 별이 여러 개 있어."

"북극성을 가장 밝은 별로 알고 있는 사람이 많지. 하지만 사실 북극성은 2등성이야. 더 밝은 별은 1등성이고."

솔이가 내 어깨에 매달리며 말했다.

"오빠, 이제 별 공부 그만하고 나 좀 업어 주라. 아까부터 힘이 하나도 없어."

"나도 그래. 우주선에 타고 나서부터 팔다리에 힘이 빠지는 것 같아."

"우주선을 오래 타면 몸이 약해지기 쉬워. 앞으로 한 달간 우주 탐험을 하려면 틈틈이 운동을 해야 한다고. 음, 좋은 생각이 났어!"

코코가 알려 준 운동 방법은 '북극성으로 방향 찾기'다. 북극성을 바라보며 선 다음, 양팔을 수평으로 들어 쭉 편다. '북' 하고 말하면 머리를 앞으로 숙이고 '남' 하면 머리를 뒤로 젖힌다. '동' 하면 오른손을 흔들고 '서' 하면 왼손을 흔든다. 실제로 해 보니까 무척 재미있다.

"어때, 운동도 되고 방향 찾기도 배우고 좋지?"

코코가 동서남북을 외치는 동안 솔이와 나는 양팔과 목을 움직였다.

"정말 잘하네! 이제 점점 빨리해 볼게."
코코가 '남, 북, 남, 북, 남, 북…'이라고 외치자
우리는 고개만 계속 끄덕거렸다.
"히히, 인사 많이 받았다."
"뭐야, 속았잖아. 혼내 줄 거야! 코코."
솔이와 나는 두 손을 치켜들고 코코를 붙잡으러 쫓아갔다. 코코와
붙잡기 놀이를 하면서 한바탕 즐겁게 보냈다. 그때 스피커에서 아빠의

우렁찬 목소리가 흘러나왔다.

"별가족 우주 탐험 대원은 지금 바로 조종실로 모이세요."

조종실에 들어서자 아빠는 대형 스크린 앞으로 우리를 불러 모았다.

"드디어 우주 탐험 계획을 모두 짰어. 첫 번째 탐험할 것은 짝별이야. 누가 한번 찾아볼까?"

아빠 말이 끝나자마자 스크린에 별 지도가 나타났다. 점으로 표시한 별, 복잡한 선, 숫자, 암호 같은 기호들이 가득했다. 꼭 우주 보물 지도 같았다. 그중에서 가까이 붙은 한 쌍의 별이 반짝반짝 빛났다. 나는 재빨리 손을 뻗었다.

"저기 찾았어요."

"와, 재범이가 잘 맞혔어. 북두칠성에 있는 짝별이야. 이제 출발이다!"

모두 조종석에 앉자 안전띠가 자동으로 채워졌다. 아빠가 알려 준 대로 몇 가지 자료를 컴퓨터에 입력했다. 크게 숨을 들이쉬고 나서 사차원 로켓의 점화 장치를 힘차게 잡아당겼다.

'슈우웅' 하고 우주선이 멋지게 날았다. 별들이 쏜살같이 지나갔다.

우주 탐험 첫째 날

이야, 우주 탐험이 시작됐다!

지구를 떠나 우주에서 보내는 첫날이다. 진짜 별나라에
온 기분이다. 오늘 우주선을 구경했다. 신기한 게 많아서 참 재미있었다.
우주 탐험을 마치고 지구에 돌아가면 내 친구들이 우주선에 대해 꼬치꼬치
물어볼 것이 분명하다. 미리 우주선을 그려 놓는 게 좋겠다.

# 별 지도는 어떻게 읽을까?

잘 모르는 곳을 여행할 때 미리 지도를 익혀 두면 도움이 되지요. 우주 탐험도 마찬가지랍니다. 별 지도 보는 법을 알아 두면 좋아요. 별 지도에서 별의 밝기는 점의 크기로 나타내요. 밝은 별은 크게, 어두운 별은 작게 그리지요. 별자리 경계선은 그 별자리가 차지하는 하늘의 영역입니다. 별과 별을 이은 선은 별자리 모양선이라고 해요. 별자리 모양선을 미리 익혀 두면 별자리 찾기가 더 쉬워요.

내가 그린 큰곰자리를 보여 줄게.

별자리 경계선

23

15

별자리 모양선

짝별
α
β
γ

별의 이름은
숫자나 그리스 문자로
정하기도 해.

북두칠성은
큰곰자리 꼬리
쪽에 있어.

# 늘 붙어 있는 짝별

우주선 컴퓨터에서 안내 방송이 나왔다.

"뚜뚜뚜, 우주선 궤도 진입 성공!"

발목부터 허리, 어깨까지 감쌌던 여섯 개의 안전띠가 스르륵 풀렸다.

우리 가족은 재빨리 우주선 뒤쪽 둥근 창문으로 달려갔다. 푸른 행성 지구는 이제 보이지 않았다. 지구가 있는 쪽을 향해 손을 흔들어 주었다.

"지구야, 안녕! 잘 다녀올게."

엄마와 아빠는 침실로 들어가면서 말했다.

"지금부터 북두칠성의 짝별까지는 열 시간 정도 걸릴 거야. 그때까지 잠을 자 두는 게 좋겠어."

나도 하품이 연거푸 나왔다. 반쯤 눈을 감고 코코 방 옆의 내 침실로 갔다. 침대에 눕자마자 꿈나라로 미끄러지듯 빠져들었다.

얼마나 잤을까? 누가 코를 간질이는 바람에 눈을 떴다. 코코가 내 옆에 있었다.

"재미있는 것 알려 줄게. 어서 일어나!"

나는 도둑고양이처럼 살금살금 코코를 따라갔다. 코코는 우주선 조종석으로 가서 나를 주 조종석에 앉혔다. 이 자리는 원래 아빠만 앉을 수 있는 자리이다. 중요한 조종 장치가 많기 때문이다.

"코코, 뭘 하려고 그래?"

"걱정하지 마. 너에게 우주선 조종법을 가르쳐 주려는 거야."

코코가 몇 가지 버튼을 누르자 우주선이 자동 비행에서 수동 비행으로 바뀌었다.

"이러다가 큰일 나는 거 아냐?"

"헤헤, 이제 슬슬 시작해 볼까!"

코코가 알려 주는 대로 우주선 조종간을 움직였다. 위로, 아래로, 옆으로……. 그럴 때마다 우주선이 부드럽게 움직였다. 우주선 앞쪽의 커다란 창에 조종 화면이 나타났다. 별들을 배경으로 여러 가지 그래프와 기호, 글자가 나타났다. 하나하나 설명을 듣고서 조종 장치 사용법을 익혔다. 생각보다 훨씬 재미있었다.

"코코야, 이거 컴퓨터 게임이랑 비슷하네."

"맞아, 바로 그렇게 하면 돼. 북두칠성의 짝별까지 혼자서 갈 수 있겠지?"

"당연하지, 이 정도쯤이야."
"어휴, 졸려. 난 잠 좀 잘게."
내가 우주선 조종을 하게 될 줄이야! 스쳐 지나가는 별에 손을 흔들어 주었다.
한참을 달려가던 중, 북두칠성 짝별이 나타났다는 신호가 조종 화면에 깜박거렸다. 조종간을 힘 있게 붙들고 짝별이 보이는 방향으로 우주선의 속력을 올렸다. 그런데 화면에 나타난 자료를 보다가 조금 이상한 점을 발견했다. 짝지어 있는 두 별이 거의 같은 방향에 있기는 했지만, 우주선에서 두 별까지의 거리는 많이 달랐다.
"이런, 방향만 비슷할 뿐 짝별은 아니잖아!"
갑자기 가슴이 콩닥콩닥 뛰고 눈동자도 빨개지는 것 같았다.
"어떡하지? 내가 우주선을 잘못 조종한 건가?"
그때 누군가 옆구리를 콕 찔렀다. 솔이였다.
"오빠 뭐 하는 거야?"

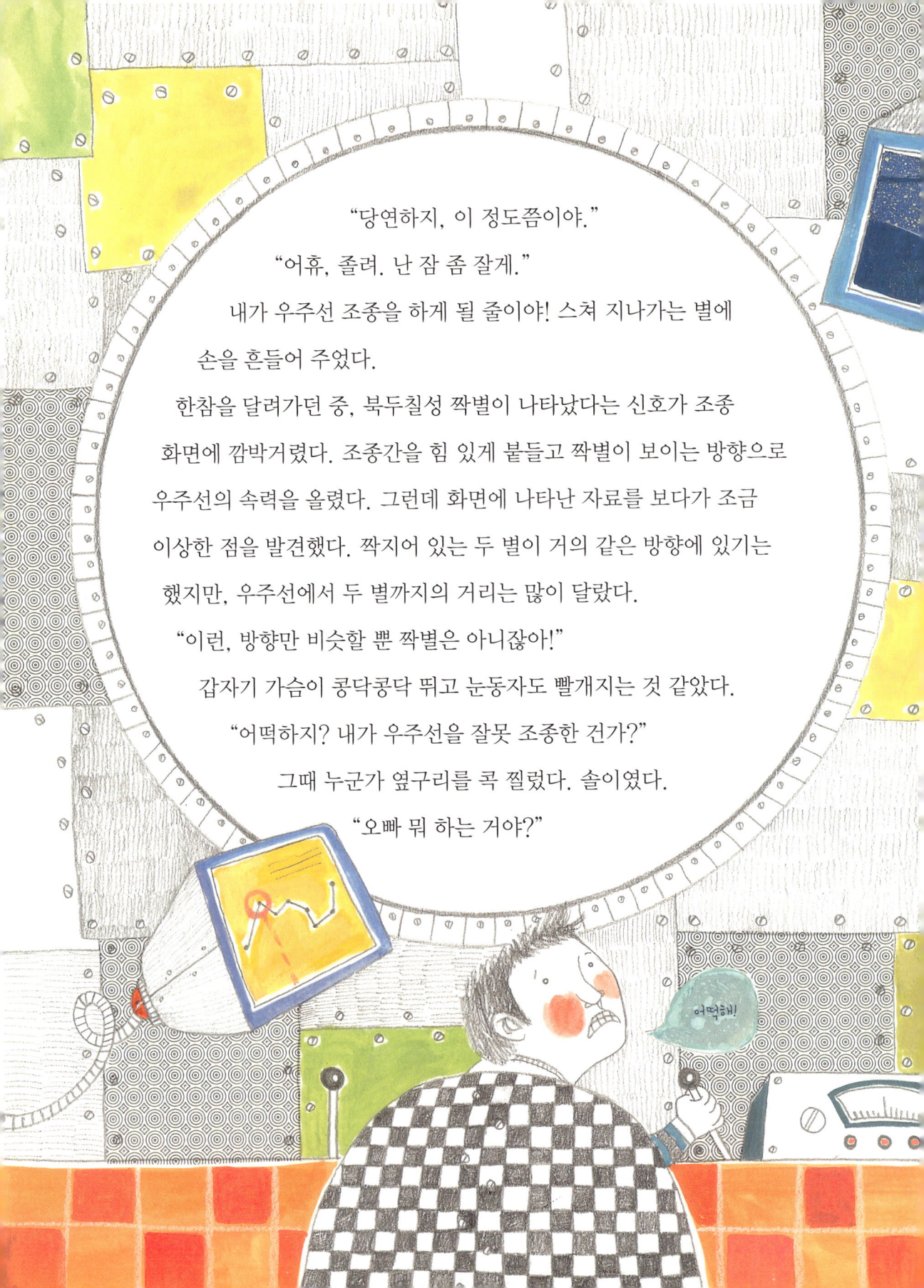

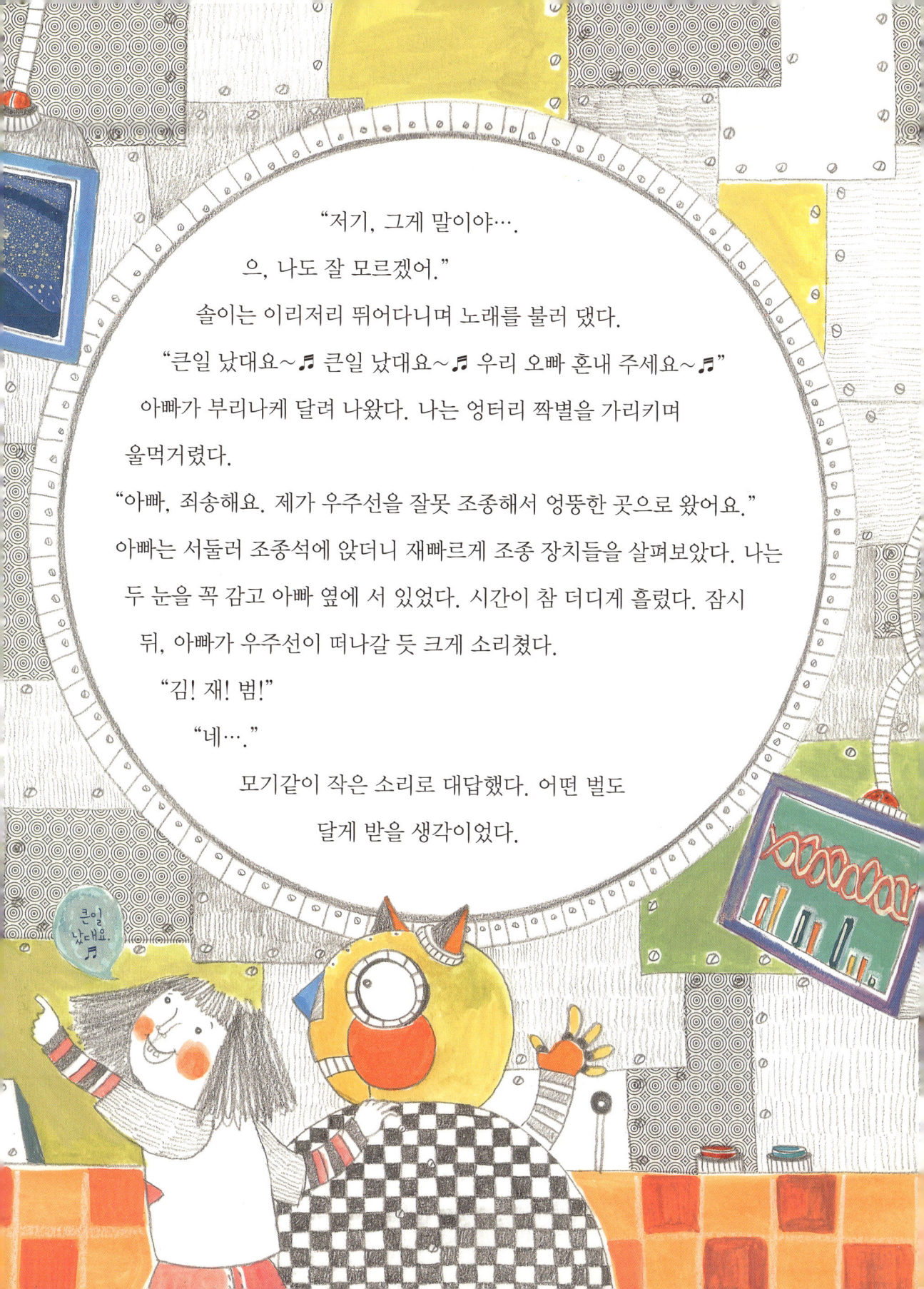

"저기, 그게 말이야….
으, 나도 잘 모르겠어."
솔이는 이리저리 뛰어다니며 노래를 불러 댔다.
"큰일 났대요~♬ 큰일 났대요~♬ 우리 오빠 혼내 주세요~♬"
아빠가 부리나케 달려 나왔다. 나는 엉터리 짝별을 가리키며
울먹거렸다.
"아빠, 죄송해요. 제가 우주선을 잘못 조종해서 엉뚱한 곳으로 왔어요."
아빠는 서둘러 조종석에 앉더니 재빠르게 조종 장치들을 살펴보았다. 나는
두 눈을 꼭 감고 아빠 옆에 서 있었다. 시간이 참 더디게 흘렀다. 잠시
뒤, 아빠가 우주선이 떠나갈 듯 크게 소리쳤다.
"김! 재! 범!"
"네…."
모기같이 작은 소리로 대답했다. 어떤 벌도
달게 받을 생각이었다.

"대단해! 수동 비행으로 여기까지 오다니. 정확히 잘 찾아왔어. 모두 손뼉 쳐 주세요."

아빠는 내 머리를 쓰다듬으면서 말했다.

"지금 보이는 두 별 중에 가까운 것이 '미자르'이고 멀리 있는 것은 '알코르'야."

진짜 짝별은 별들이 가까운 거리에서 짝을 이루고 돌아야 한다. 그런데 미자르와 알코르는 서로 거리는 멀지만 거의 같은 방향에 놓여 있어서 짝별처럼 보였던 것이다. 이러한 별들을 '광학적 짝별'이라고 부른다.

"자, 이제 진짜 짝별을 보여 줄게."

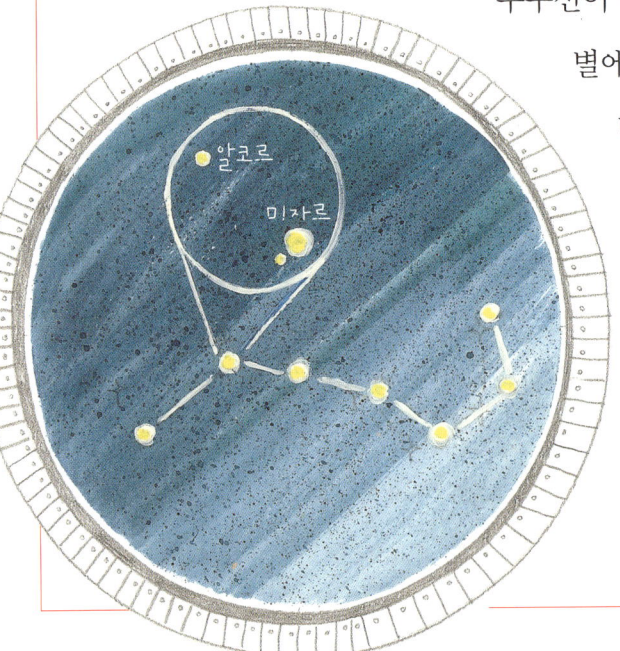

우주선이 미자르 별을 향해 날았다. 별에 가까이 다가가자 놀라운 일이 벌어졌다. 와! 미자르 별은 하나가 아니라 둘이었던 것이다. 오랜 시간에 걸쳐 서로의 주위를 도는 진짜 짝별이었다.

"미자르 별이 두 개네. 하나는 오빠 별, 다른 하나는 네 별 하는 거 어때?"

"싫어, 두 개 다 내 거야."

"너만 다 가지면 어떡해!"

"얘들아, 그만 다투고 이리 와 봐."

엄마가 코코 방에 있는 망원경으로 미자르 짝별을 관찰하자고 했다. 엄마는 망원경에 '분광계'라는 장치를 연결했다. 미자르 별빛은 망원경을 지나 분광계 속으로 들어갔다. 잠시 뒤에 분광계와 연결된 컴퓨터 화면에 놀라운 결과가 나타났다.

"우와, 짝별이 아니라 짝짝별이네!"

미자르를 이루는 두 별이 각각 또 짝별이었다. 그러니까 두 쌍의 별이 다시 서로 짝을 이룬 셈이다.

지구에 있는 내 친구들이 맨눈으로 미자르 별을 보면 하나로 보일 것이다. 실제로는 별 네 개가 모여 있는데 말이다.

### ★ 여러 가지 짝별

짝별을 쌍성이라고도 부릅니다. 우주에는 겉보기 쌍성, 안시 쌍성, 분광 쌍성이 있어요. 겉보기 쌍성은 진짜 짝별이 아니랍니다. 미자르와 알코르처럼, 서로 거리는 먼데 같은 방향에 놓여 있어서 짝별처럼 보이는 것이지요. 안시 쌍성은 천체 망원경으로 구별해서 볼 수 있는 짝별이고, 분광 쌍성은 아주 가까이 붙어 있어서 구분하기 어려운 짝별입니다. 분광 쌍성은 분광계를 써야만 관찰할 수 있어요.

"야호! 솔이 별이 네 개가 되었다. 한쪽 눈에 두 개씩 넣어 둘 거야."
"어휴, 솔이는 못 말리는 욕심쟁이야. 아빠, 이제 다른 짝별로 가요."
"좋아! 이번에 탐험할 별은 아주 특별한 짝별이야."
아빠는 조종실 컴퓨터에 복잡한 숫자를 입력했다. 가족 모두 자리에
앉자 안전띠가 채워졌다.
"백조자리 방향으로 출발!"
우주선은 엄청난 속도로 돌진했다. 눈을 감았다. 온몸이 의자에
파묻히는 느낌이 들었다.
살짝 잠이 든 것 같기도 한데, 아빠의 목소리가 들려서 눈을 떴다.
벌써 도착한 모양이다. 우주선 앞쪽의 커다란 창이 검은 천으로 가려져
있었다.
"오늘은 엄마와 아빠가 결혼한 지 12년이 되는 날이야."

솔이와 나는 엉겁결에 손뼉을 쳤다.
"그래서 아주 특별한 별을 만나러 왔지."
엄마는 무언가 눈치를 챈 듯 함빡 웃으며 말했다.
"아빠와 엄마가 결혼 약속을 하면서 본 별! 백조자리에 있는 알비레오 짝별!"
알비레오는 도대체 어떤 짝별일까? 무척 궁금했다. 모두 함께 큰 소리로 외쳤다.
"셋, 둘, 하나, 열려라!"
우주선 창을 가렸던 검은 천이 커튼처럼 스르르 미끄러졌다. 말로

표현하기 어려울 만큼 아름다운 짝별이 나타났다. 맑디맑은 황금색 별과 곱디고운 파란색 별이 눈앞에 펼쳐졌다. 엄마와 아빠는 별빛만큼 환한 얼굴로 서로 껴안았다.

나는 냉큼 조종석에 앉아, 엄마 아빠의 결혼기념일 축하 비행을 시작했다. 알비레오 별 앞쪽에서 커다란 하트 모양을 그리며 날았다. 솔이는 양팔을 머리 위로 올려 귀여운 하트를 만들었다.

"엄마 아빠, 사랑해요!"

## 알코르 별은 내 별

엄마, 아빠, 솔이 모두 별을 가졌는데 나만 없어서 조금 샘이 났다.
하지만 이제 괜찮다. 알코르 별을 갖기로 했다. 코코가 알려 주었는데
알코르 별도 짝별이라고 한다. 와! 우리 가족이 진짜 별가족이 되었네.

# ★★ 짝별을 찾아라!

**쌍둥이자리 카스토르**
카스토르는 쌍둥이자리에서 제일 밝아요. 천체 망원경으로 보면 두 개로 보이지만 실제로는 여섯 개의 별이 모여 있어요.

**오리온자리 트라페지움**
오리온자리의 대성운은 아기별이 태어나는 곳으로 유명해요. 성운 안에 사다리꼴 모양의 별 네 개가 숨어 있어요.

### 거문고자리 더블더블

직녀 별 왼쪽에 아주 가까이 붙어 있는 짝별을 찾아보아요. 맨눈으로 보면 두 개로 보이지만 망원경으로는 두 별 모두 짝별이랍니다.

직녀 별

눈부셔!

### 백조자리 알비레오

색깔이 매우 뚜렷해서 밤하늘에서 가장 아름답게 빛나는 짝별이랍니다. 황금색과 파란색 별이 선명하게 빛나지요.

## 우주의 등대, 변광성

코코가 몇 시간째 자기 방에 틀어박혀서 나오질 않는다. 솔이가 놀자고 해도 바쁘다는 핑계만 댈 뿐이다. 문까지 걸어 잠근 걸 보니 무슨 꿍꿍이가 있는 게 분명하다.

'어떻게 알아내지? 그래, 좋은 수가 있어.'

솔이와 나는 코코 방문 틈에 대고 '찍찍' 소리를 냈다.

"이게 무슨 소리야?"

"코코야, 생쥐가 나타났어!"

말이 끝나기 무섭게 코코의 날렵한 발걸음 소리가 들리더니 벌컥 문이 열렸다. 코코가 눈을 번뜩이며 말했다.

"생쥐 로봇 삽기 대회에서 1등 먹은 실력을 보여 주지. 하하하!"

그사이에 나는 코코 방으로 쏙 들어갔다. 책상 위에 작은 게임기 같은 것이 눈에 띄었다. 얼른 집어 들려는데, 코코가 잽싸게 낚아챘다.

"뭐야? 나도 좀 보자."

"쩝, 들켜 버렸네. 너희에게 줄 선물을 만들고 있었어. 자, 받아."

주머니에 쏙 들어갈 크기의 아주 작은 기계였다. 별과 우주에 대한 어려운 낱말을 쉽게 풀어 주는 '별 컴퓨터'라고 코코가 설명해 주었다.

"와! 이런 거 꼭 갖고 싶었는데! 고마워."

별 컴퓨터를 이리저리 만져 보다가 평소에 궁금했던 '광년'의 뜻을 알아보기로 했다. 멋진 그림과 함께 설명이 나왔다.

빛은 1초에 약 30만 킬로미터를 달린다고 한다. 째깍하는 1초 동안에 지구를 일곱 바퀴 반이나 돈다는 것이다.

'음, 정말 빠르구나.'

정신을 바짝 차리고 별 컴퓨터에 나온 설명 글을 읽었다. 그리고 1광년이 얼마나 먼 거리인지 알게 되었다. 우선 빛이 하루 동안

달리는 거리를 계산해야 한다. 하루는 약 86,400초니까 거기에 30만 킬로미터를 곱한다. 거기에 365를 더 곱하면 빛이 1년 동안 달린 거리가 된다. 그 거리가 바로 1광년이다. 정말 엄청나다.

1광년의 거리를 떠올리려고 하니 머리에 쥐가 날 것 같았다. 정신을 가다듬고 코코에게 물었다.

"별까지 거리를 잴 때 몇백 광년, 몇천 광년 떨어져 있다고 말하잖아. 그렇게 먼 거리를 어떻게 재지?"

그때까지 잠자코 있던 솔이가 피식 웃으며 말했다.

"오빠는 바보같이 그것도 몰라? 밝은 별은 가까운 거고 어두운 별은 먼 거야."

"쯧쯧, 별의 밝기가 모두 똑같다면 네 말이 맞지. 하지만 별은 밝기가 제각각이야. 가까이 있지만 원래 희미한 별이 있고, 멀리 있지만 아주 밝은 별도 있지. 바보는 너야!"

코코가 말리고 나섰다.

"이러다 또 싸우겠네. 별 컴퓨터를 봐. 다 나와 있으니까."

나는 별 컴퓨터를 들고 내 방으로 갔다. 별 컴퓨터에 별까지 거리를 재는 여러 가지 방법이 나왔다. 그중 맥동 변광성을 이용하는 방법이 눈에 띄었다. 맥동 변광성은 별의 크기가 커졌다 작아졌다 할 때, 별의 밝기도 어두워졌다 밝아졌다 한다.

'아하! 이런 별도 있구나.'

그런데 맥동 변광성마다 밝기가 변하는 시간 간격이 달랐다. 5일마다 밝기가 변하는 별이 있는가 하면, 10일마다 달라지는 별도 있었다. 이러한 시간 간격을 '주기'라고 하는데, 여기에 놀라운 비밀이 숨어 있었다. 주기가 같은 별은 실제 밝기가 서로 같았다. 그러니까 만약 5일을 주기로 변하는 변광성 두 개를 찾아냈는데 두 별이 같은 밝기로

맥동 변광성 두 개를 찾았어. 둘 다 5일을 주기로 밝기가 변하네.

그럼 실제 밝기가 같아야 하는데 왜 하나가 더 어둡지?

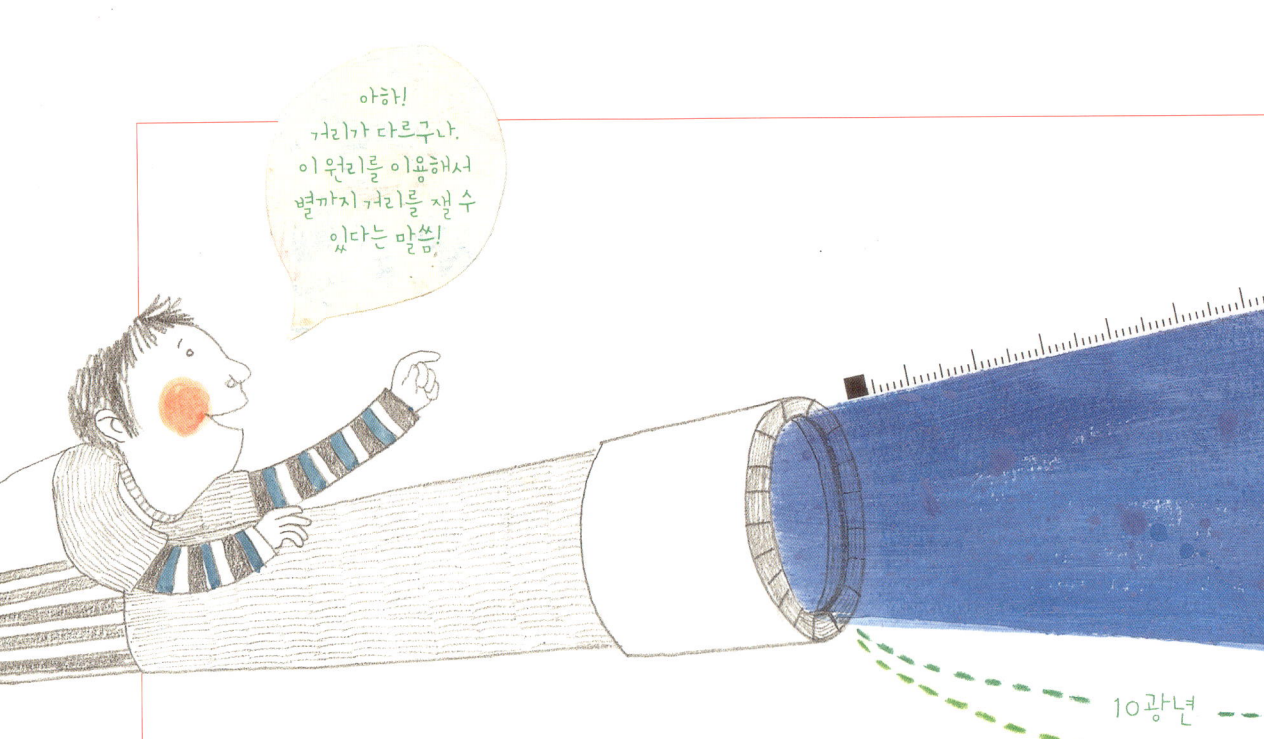

보인다면, 지구에서 두 별까지 거리는 같다고 말할 수 있다.

또 하나 중요한 사실은 주기가 길수록 별의 실제 밝기가 더 밝다는 점이다. 그러니까 변광성의 주기를 알면 그 별의 실제 밝기를 짐작할 수 있고 그것을 이용해서 별까지 거리를 잴 수 있다.

방문이 살짝 열리고 코코가 머리를 삐죽 내밀며 말했다.

"열심히 공부하고 있구나. 따라와 볼래?"

코코는 홀로그램 방으로 나를 데리고 갔다. 별자리 모습이 신화 그림과 어우러져 아름답게 펼쳐졌다. 코코는 시간이 빨리 흐르도록 홀로그램을

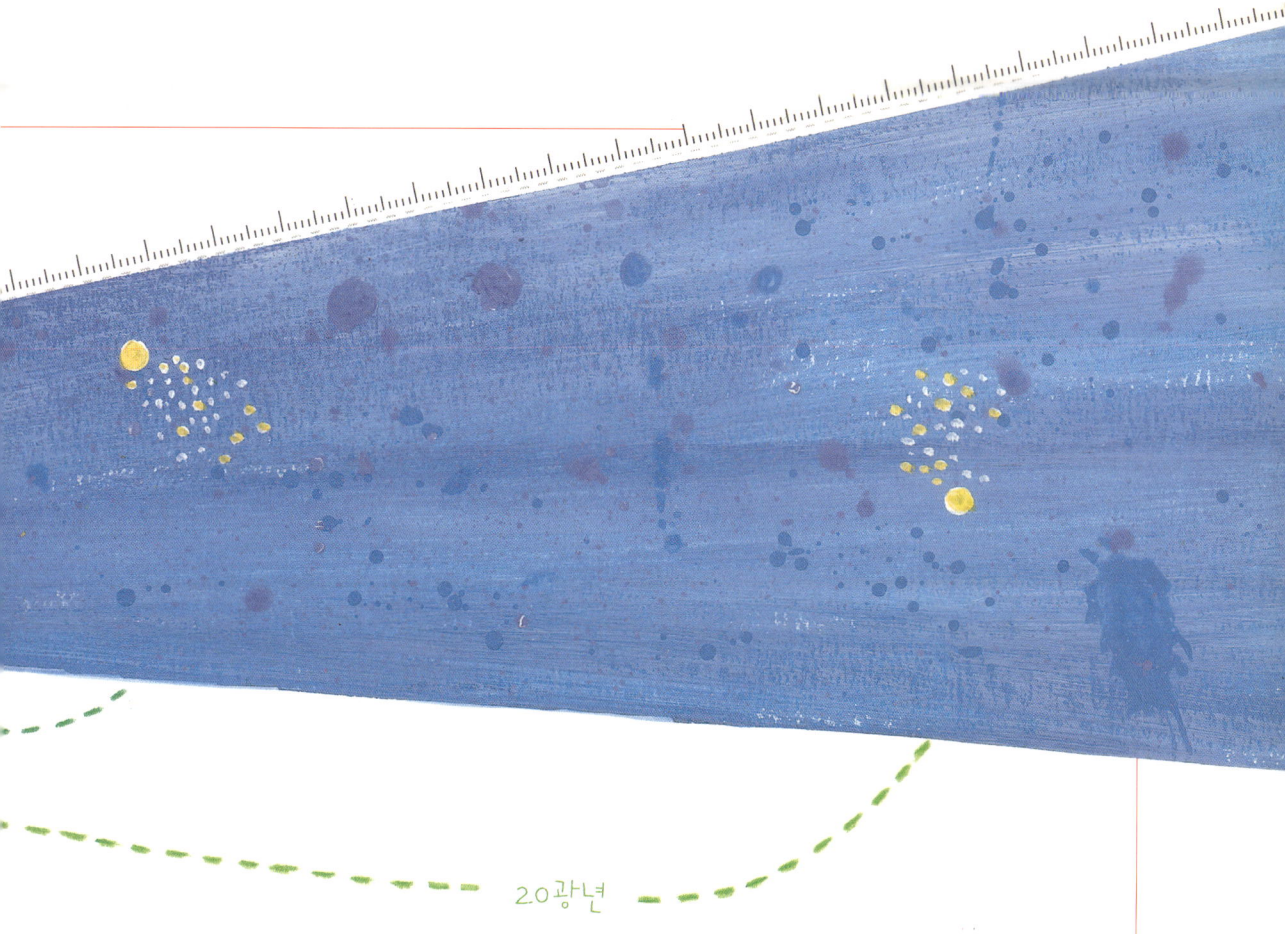

20광년

조정하고 나서 케페우스 별자리를 손으로 가리켰다. 케페우스자리에 있는 별 하나가 밝아졌다 어두워지기를 반복했다.

"이야! 멋있다. 밤하늘의 등대 같아."

"케페우스자리의 변광성인데 5일을 주기로 밝기가 변해. 별까지 거리를 재는 데 좋은 길잡이가 되지."

"저런 식으로 변하는 변광성을 많이 찾아내면 거리를 재는 데 도움이 되겠구나."

신기한 듯 쳐다보던 솔이의 눈빛이 반짝 빛났다.

"나도 변광성을 찾았어. 야호!"

홀로그램에서 솔이가 가리킨 곳은 페르세우스자리였다. '알골'이라는 이름이 붙은 별이 보였다. 나는 재빨리 그 별의 밝기가 변하는 주기를 찾아보았다. 약 3일 정도였다.

"음, 알골 별은 케페우스자리의 변광성보다 주기가 짧잖아. 그럼 실제 밝기는 더 어둡다는 거로군. 난 역시 대단해. 하하하!"

코코는 내 웃음소리를 흘려들으며 고개를 절레절레 흔들었다.

"알골은 케페우스자리의 변광성과는 달라. 아주 가까이 붙어 있는 짝별이지. 별 하나가 다른 별 둘레를 돌면서 밝기가 달라지는 거야."

"어떻게?"

"두 별 중에 한 별이 다른 별을 가리면 어둡게 보이는 거야. 두 별이 옆으로 나란히 놓이면 밝게 보이고. 이런 별을 식변광성이라고 불러."

솔이가 키득키득 웃으며 말했다.

"오빠, 그러니까 코코 앞에서 아는 체하지 마. 네롱."

나는 약이 올랐지만 참기로 했다. 솔이는 코코의 등을 쓰다듬으며 말했다.

"참! 알골 별은 코코 별로 정해 줄게. 고맙지?"

코코가 갑자기 무서운 표정을 지으며 뒷걸음쳤다.

"안 돼! 안 돼! 그건 절대 안 된다고!"

"코코야, 왜 그래? 너에게 주고 싶다니까."

솔이가 다가가자 코코는 걸음아 날 살려라 하며 도망쳤다. 코코의 엉뚱한 행동에 단단히 토라진 솔이는 코코를 붙잡겠다며 쫓아갔다.

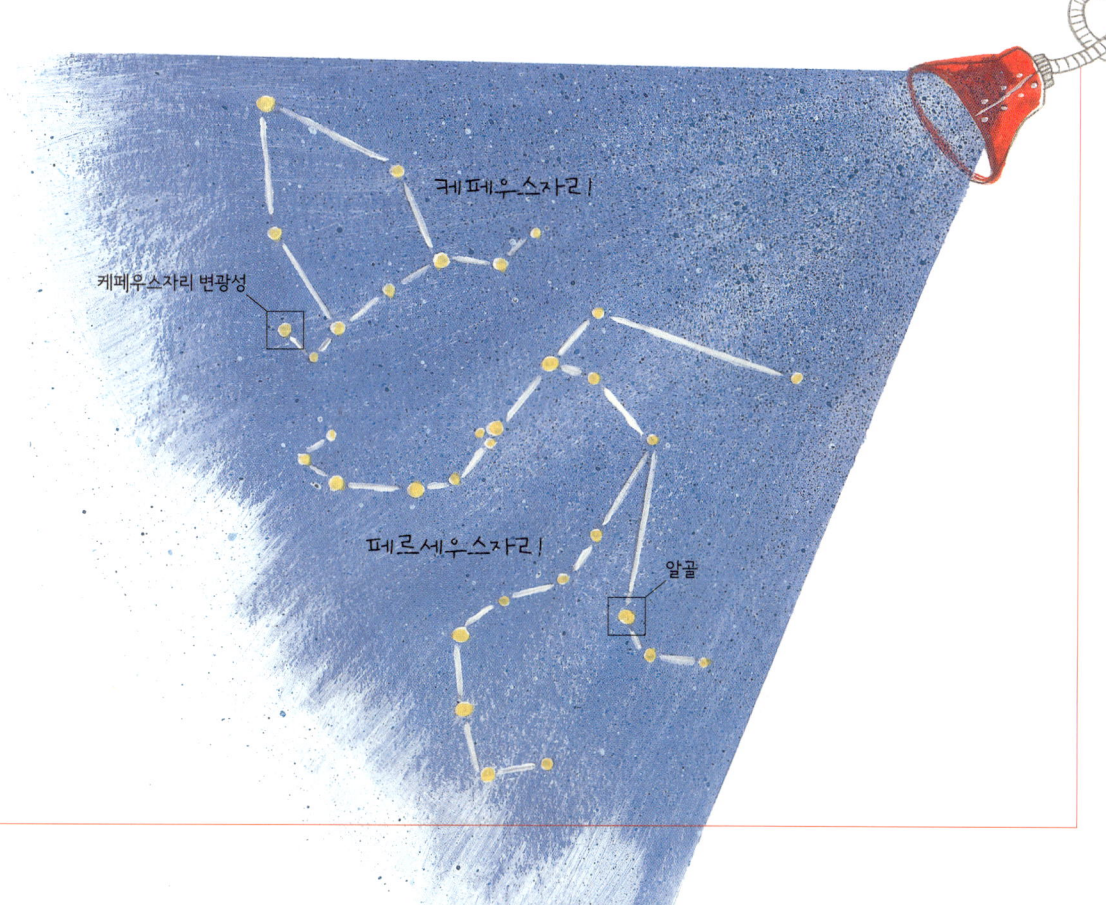

나는 별 컴퓨터에서 알골 별을 찾아보았다.

'후후, 코코가 도망칠 만했구나.'

페르세우스자리의 알골 별에 얽힌 그리스 신화가 나왔다. 페르세우스는 머리카락이 모두 뱀으로 된 메두사의 흉측한 머리를 들고 있다. 메두사의 머리에 해당하는 별이 바로 알골이다.

우주 탐험 다섯째 날

## 밤하늘을 지키는 맥동 변광성

우주 탐험을 하다가 길을 잃으면 어떡하지? 지구로 못 돌아가면 내 친구들은 어떡하지? 하지만 이제 괜찮다. 걱정 '뚝'이다. 맥동 변광성이 등대가 될 테니까. 별까지 거리를 잴 수 있으면 우주에서 길 찾기도 어렵지 않다.

# 변덕쟁이 변광성 삼총사

반짝반짝 별이 빛나는 밤에 변광성 삼총사를 찾아보아요. 페르세우스자리의 알골 변광성, 케페우스자리 변광성, 고래자리의 미라 변광성이 보이네요. 미라는 332일을 주기로 밝기가 변해요. 가장 밝을 때는 북극성 정도의 밝기이지만 가장 어두울 때는 맨눈으로 볼 수 없을 만큼 어두워져요. 그래서 '참 이상한 별'이라는 뜻의 '미라'라는 이름이 붙었어요.

페르세우스자리의 변광성 '알골'

나는야 별잡이! 나는야 변광성 사냥꾼!

케페우스자리의 변광성

고래자리의 변광성 '미라'

변광성은
변덕쟁이!
쇠이는 수다쟁이!
헤헤.

# 별 구름 선물을 나눠 드립니다

"여보, 만날 똑같은 우주 음식은 이제 지겨워."

"엄마, 뭐 특별한 거 없어요?"

문득 친구들이 부러웠다. 방학 기간이라 녀석들은 맛난 걸 신 나게 먹고 있을 것이다.

'나도 우주인을 위한 음식 말고 다른 걸 먹고 싶은데….'

엄마가 다가와서 귓속말을 했다.

"팥빙수 어때?"

"좋아요!"

역시 엄마는 내 마음을 정말 잘 안다.

엄마는 아빠와 함께 주방으로 갔다. 잠시 뒤 '쑥덕쑥덕 뚝딱뚝딱' 요란한 소리가 나더니 금세 우주표 팥빙수가 완성되었다. 식탁에 올라온 팥빙수는 보기만 해도 군침이 돌았다.

"정말 맛있겠다. 한 입 먹어 보자."
"참! 솔이는 어디 간 거야?"
그때 느닷없이 비상벨이 울렸다.
"뚜뚜뚜."
아빠는 재빨리 식탁 옆에 있는 감시 모니터를 켰다. 조종실에서 혼자 우는 솔이 모습이 화면에 나타났다. 모두 깜짝 놀라 자리를 박차고 조종실 쪽으로 달려갔다.
"솔이야, 무슨 일이야?"
솔이는 눈물범벅이 된 얼굴로 엄마 품에 뛰어들었다.
"어, 엄마. 훌쩍훌쩍, 흑흑! 시커먼 괴, 괴물이 나타났어. 으앙! 무서워."

겁에 질린 솔이가 비상벨을 누른 거였다. 나는 조종실 앞의 창을 올려다보고 다시 한 번 깜짝 놀랐다. 우주선이 먹구름처럼 시커멓게 보이는 곳으로 들어가고 있었다.

"어? 별이 보이지 않아!"

무서운 생각이 들면서 머리카락이 쭈뼛 섰다.

"아빠, 여긴 어디예요?"

아빠는 가만히 서서 우주선 창을 뚫어지게 내다볼 뿐이었다. 나는 아빠 팔을 붙잡고 다급하게 물었다.

"우리 우주선이 함정에 빠진 거 아니에요?"

"야, 정말 신비로운 풍경이구나."

"아빠, 어서 탈출해야지 뭐 하시는 거예요."

아빠는 내 어깨를 감싸 안으며 말했다.

"하하, 걱정할 것 없어. 우린 지금 암흑 성운으로 들어가고 있어. 암흑 성운은 우주 공간에 먼지와 가스가 많이 모인 곳이란다. 두터운 먼지와 가스가 주변 별빛을 가로막기 때문에 어둡게 보이는 거야. 그러니까 마음 놓아도 좋아."

그제야 조금 안심이 됐다. 솔이는 여전히 훌쩍거리면서 말했다.

"이, 이제 아, 안 울어도 돼?"

"그럼! 아빠가 솔이 달래 줄 겸 신기한 걸 보여 줄게. 모두 안전띠를 하고 앉아 주세요!"

아빠는 우주선의 속도를 높였다. 우주선은 암흑 성운 속으로 미끄러지듯 빨려 들어갔다. 주변이 점점 어두워졌다.

"재범, '보호막'이라고 적힌 버튼을 찾았니?"

"네!"

"셋, 둘, 하나, 눌러!"

버튼을 힘껏 누르자, 우주선 앞쪽으로 유리처럼 투명한 보호막이 내려왔다. 우주선의 속도는 훨씬 더 빨라졌다. 암흑 성운 깊숙이 들어온 탓에 사방이 온통 깜깜했다. 그때 아주 신기한 일이 벌어졌. 우주선 앞의 투명한 보호막에 반딧불같이 작은 빛이 보였다. 한두 개가 아니었다. 작은 빛들은 여기저기 금빛 모래알을 뿌리듯이 나타났다.

★ 성운

우주 공간에 먼지와 가스가 모여 구름처럼 보이는 것을 성운이라 부릅니다. 성운의 종류에는 암흑 성운, 발광 성운, 반사 성운이 있어요. 암흑 성운은 먼지가 많아 근처의 별빛을 가로막기 때문에 어둡게 보여요. 발광 성운은 성운 속의 가스가 별에서 나온 강한 에너지를 받아 스스로 빛을 냅니다. 주로 붉게 빛나지요. 반사 성운은 푸른빛을 띠는 경우가 많은데, 가까이 있는 별빛이 반사되어 보이는 것이랍니다.

솔이와 나는 함께 외쳤다.

"와! 정말 예쁘다."

"암흑 성운에 있는 먼지 알갱이들이야. 보호막에 부딪히면서 빛을 내는 거란다."

무서웠던 기분이 싹 달아나 버렸다. 아빠는 우주선의 방향을 이리저리 바꾸면서 조종을 했다. 꼭 놀이동산에서 청룡 열차를 탄 것처럼 신이 났다. 별빛 가루를 맞으며 달리는 느낌이 들었다. 한바탕 곡예비행을 마치고 나서 우리 가족 모두 행복하게 웃었다.

"아빠, 한 번 더 해요!"

"좋았어!"

우주선이 다시 속도를 올리려고 하는데, 내 앞쪽에 밝은 빛 두 개가 보였다. 아까 보았던 것보다 훨씬 컸다.

"저건 뭐지?"

헉! 두 개의 빛이 스윽 움직였다. 눈을 부릅뜨고 보는데 갑자기 두 빛이 내 쪽으로 다가왔다. 너무 놀라서 눈을 꼭 감았다. 몇 초가 흘렀을까? 누가 내 이마를 톡톡 두드렸다.

"재범아, 나야 나."

코코의 두 눈동자가 밝게 빛나며 나를 쳐다보고 있었다.

"이크, 눈에 불을 켜고 다니면 어떡해! 깜깜해서 속았잖아."

우주선 밖으로 별이 하나둘 나타났다. 우주선이 암흑 성운을 벗어나는 중이었다. 코코는 우리 가족 모두를 자기 방으로 불러 모았다.

"오늘은 별가족을 위해 아주 특별한 선물을 준비했어요. 우주에는 암흑 성운만 있는 것이 아니에요. 가까이 있는 별빛을 받아서 아름다운 색과 모양을 뽐내는 성운도 많아요. 지금부터 멋진 성운을 선물 받을 사람은 손을 들어요."

다 함께 '와' 소리를 내면서 손을 번쩍 들었다. 코코는 능숙한 솜씨로 망원경을 움직여서 무언가를 찾아냈다. 망원경으로 엄마 아빠한테 줄 선물을 맞추어 놓았다고 했다. 망원경을 들여다보았더니 정말 아름다운 장미꽃 모양의 성운이 보였다. 엄마 아빠는 함박웃음을 지으며 코코에게 고맙다고 했다.

"재범이는 무슨 선물 받고 싶니?"

"음, 나는 용맹한 독수리를 한 마리 갖고 싶은데, 그런 모양의 성운도 있을까?"

"하하, 내가 누구니? 잠깐 기다려 봐."

코코는 망원경을 '슝' 돌리더니 금방 무엇인가를 찾아낸 모양이었다. 설마 하는 마음으로 망원경에 눈을 댔는데 진짜 독수리를 닮은 성운이 보였다.

"코코야, 독수리가 별 사이를 나는 것 같아. 멋지다."

"솔이는 무슨 선물을 받을래?"

"난, 반지가 좋을 것 같아. 별 반지!"

"으이크, 그건 찾기가 어려운데….
잠깐 기다려 봐."

조금 시간이 걸리긴 했지만 코코는 이번에도
잘 찾아냈다. 나도 슬쩍 보았는데 새끼손가락에
쏙 들어갈 만한 작고 예쁜 반지 모양의 성운이었다.

"솔이야, 별 반지를 끼워 줄게."

코코가 시키는 대로 솔이는 새끼손가락을 망원경
가까이에 댔다. 솔이의 손가락에 반지 성운의 빛이
와 닿는 것처럼 보였다. 코코가 솔이에게 물었다.

"손가락에 별 반지 끼워진 것 보여?"

"글쎄, 보이는 것 같기도 하고 아닌 것 같기도 한데?"

"그럼, 눈을 꼭 감고 손가락을 봐. 그리고 마음의 눈으로 봐. 보이니?"

"음…. 이제 보이는 것 같아."

나도 살짝 눈을 감았다. 내 어깨 위에서 독수리 한 마리가 날갯짓하는 느낌이 들었다.

엄마 아빠의 마음속에는 장미꽃이 활짝 피었을 것이다.

우주 탐험 여덟째 날

멋진 성운을 선물해 줄게!

친구들에게 인기를 얻는 방법을 알아냈다. 별 공부를
열심히 한다. 그다음에 멋진 성운을 많이 찾아낸다.
그래서 친구들에게 선물해 줘야지. 자동차 모양 성운이
있으면 좋겠다. 혹시 게임기 모양을 한 성운도 있을까? 헤헤!

# 어떤 모양 성운이 제일 예쁠까?

여러 가지 형태의 성운이 한자리에 모였어요. 두터운 먼지와 가스가 별빛을 가로막은 암흑 성운, 강한 별빛을 받아 스스로 빛을 내는 발광 성운, 별빛을 그대로 반사하면서 빛나는 반사 성운, 그리고 별이 일생을 마치면서 생기는 행성상 성운…. 멋진 성운 덕분에 우주 탐험이 더욱 즐거워요!

**암흑 성운, 콘 성운**
성운 속에 먼지와 가스가 많이 모여 있으면 주변의 별빛을 가로막아 어둡게 보여요.

**오리온 대성운**
겨울밤 오리온자리에서 맨눈으로 볼 수 있는 밝은 성운입니다.

**독수리 성운**
갓 태어난 별빛을 받아 성운의
왼쪽 윗부분이 밝게 빛나요.

**반사 성운**
중심 별에서 나온 강한 빛을 받아
별 근처의 성운이 여러 색으로 빛나요.

난 반지 성운이 좋아.

**에스키모 얼굴을 닮은 성운◐, 반지 성운◐, 고양이 눈 성운◐**
별은 일생을 마칠 때 서서히 별 부스러기를 퍼뜨리면서 여러 가지 신기한
모양을 만들 수 있어요. 이렇게 생긴 성운을 망원경으로 관찰해 보면 작고
둥근 행성 같아 보여서 '행성상 성운'이라고 부르지요. 하지만 이름만
그렇게 붙였을 뿐 행성과는 아무런 관련이 없답니다.

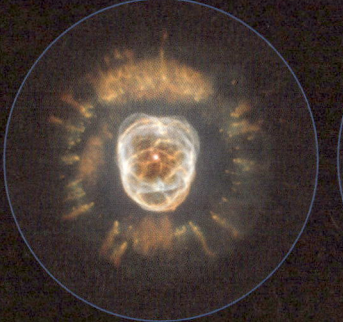
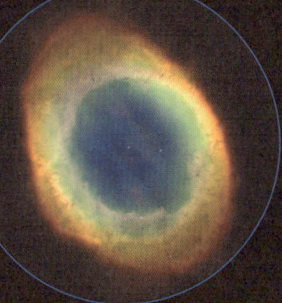
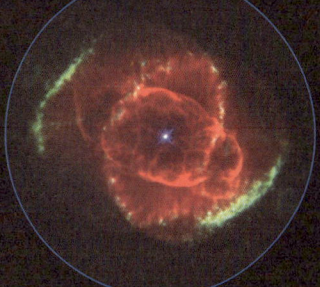

## 아기라고 얕보지 마, 이래 봬도 1억 살이라고!

"안녕! 친구야. 나는 요즘 우주선에서 즐겁게 지내. 해가 뜨고 지는 걸 보지 못하니까 하루가 어떻게 지나는지 헷갈리기도 해. 지구를 떠난 지 열흘쯤 되었구나. 너도 여름 방학 잘 보내고 있지? 아, 잠깐만….."

같은 동네에 사는 친구에게 보낼 영상 편지를 만드는 중이었다. 엄마가 별 사진 한 장을 얼른 건넸다.

"이 사진은 우리 엄마가 찍은 거야. 멋있지? 너에게도 하나 줄게. 그럼 나중에 지구에서 만나자. 안녕!"

엄마가 준 사진에는 수십 개의 별이 한데 모여 보석처럼 빛났다.

"엄마, 이 별 무리는 뭐예요?"

"산개 성단이라고 불러. 태어난 지 얼마 안 된 어린 별들이 모인 거야."

"왜 이렇게 무리를 지어 있죠? 우리처럼 한 가족인가?"

"그래, 맞아! 산개 성단은 성운에서 함께 태어난 별가족이야."

성운에 있는 먼지와 가스가 뭉치면 별이 된다는 것은 이미 알고 있었다. 그런데 엄마가 새로운 얘기를 더 들려주셨다.

성운이 넓게 퍼져 있으면 여러 군데에서 동시에 별이 태어난다고 한다. 그리고 먼저 태어난 별이 밝게 빛을 내면 강한 에너지가 사방으로 퍼져 주위의 성운이 더 쉽게 뭉치도록 도와준다. 이때 여러 별이 새롭게 태어날 수 있다.

엄마는 은하 사진도 한 장 보여 주었다. 우리 은하와 닮은꼴의 소용돌이 모양이었다.

"은하의 나선 팔 부분을 흰색으로 바꿔서 생각해 볼래?
꼭 우주에 있는 커다란…."

★ **성단**

별이 모인 것을 성단이라 하는데, 생김새에 따라 산개 성단과 구상 성단으로 나누어요. 산개 성단은 특별한 모양 없이 수백 개의 별이 듬성듬성하게 모여 있어요. 서로 비슷한 시기에 함께 태어난 별들이지요. 구상 성단은 산개 성단보다 별의 수가 훨씬 많아요. 수십만 개의 별이 둥근 공 모양으로 빽빽이 모여 있어요.

"커다란, 달걀 프라이 같아요. 헤헤!"

엄마와 나는 마주 보며 웃었다. 정말 꼭 그런 모양이다. 계란 노른자 부분은 은하의 중심에 해당하는데, 나이 든 별이 많다고 한다. 나선 팔 부근에는 젊은 별이 모여 있고 새로운 별도 많이 태어난다. 그래서 산개 성단을 찾아보려면 은하의 나선 팔 부근을 관찰해야 한다. 산개 성단의 별 무리는 은하 중심 둘레를 천천히 돈다. 그러다가 나이가 들면 서로 뿔뿔이 흩어져서 살게 된다고 한다.

"나도 영상 편지 보낼 테야."

솔이가 산개 성단이 찍힌 별 사진을 들고 카메라 앞에 섰다.

"친구들 안녕! 여기 예쁜 별 사진을 보여 줄게."

솔이는 검지로 별을 하나하나 짚어 가며 말했다.

"별 하나, 별 둘, 별 셋, …별 열둘. 아이, 숨차. 다 못 세겠어. 친구들아, 귀여운 아기별과 인사해 볼래?"

솔이는 싱글벙글 웃으며 엄마에게 물었다.

"엄마, 이 아기별들은 몇 살이야?"

엄마는 눈동자를 빙글빙글 돌리고 나서 크게 외쳤다.

"1억 살!"

"순 거짓말! 1억 살 먹은 아기별이 어디 있어?"

나도 솔이만큼이나 깜짝 놀랐다. 엄마는 사진 속의 별을 가리키며 말했다.

"이 별들은 앞으로 100억 살 정도 살 수 있어. 그러니까 1억 살이라도 아기별이라 부를 만해."

"꺄악! 정말이야?"

"우와, 놀랍다!"

코코는 우리의 고함에도 아랑곳하지 않고 눈만 껌벅이며 우주선 창을 내다보았다. 그러더니 무얼 찾았는지 꼬리를 살랑살랑 흔들면서 우리를 불렀다.

"이리 와 봐. 100억 살 된 할아버지 할머니 별을 보여 줄게."

밝은 별 사이로 멀리 솜뭉치처럼 생긴 것이 언뜻 보였다. 다시 주의 깊게 보았더니 깨알 같은 별들이 빽빽이 모여 있었다. 우주 공간에 둥근 공 모양으로 떼 지어 있는 별들이었다. 코코는 한쪽 발로 솔이 어깨를 툭툭 치며 장난을 했다.

"뭐 해? 어서 절을 해야지. 정말 나이가 많은 별님이셔."

솔이는 코코에게 눈을 한번 흘깃하더니 나에게 물었다.

"오빠, 좀 이상하지 않아?"

"뭐가?"

솔이는 내 말은 들은 척도 안 하고 다짜고짜 코코에게 따졌다.

"코코야, 네가 잘못 생각한 거야. 별은 나이가 들수록 뿔뿔이 흩어진다고 엄마가 말했어. 저렇게 가까이 있는 별들은 막 태어난 갓난아기 별이야. 할아버지 할머니 별이 아니야!"

거침없이 내뱉는 솔이 말에 모두 귀를 쫑긋 세웠다.

"어때, 내 말이 맞지? 어서 손뼉 쳐 줘. 헤헤."

그렇지만 코코가 곧바로 받아쳤다.

"그게 아니거든. 저건 구상 성단이야. 100억 년 전쯤에 우리 은하가 만들어질 때 생겨났지."

나도 별 컴퓨터에서 구상 성단이라는 말을 재빨리 찾아보고 말했다.

"구상 성단은 둥근 공 모양의 별 무리라는 뜻이래. 우리 은하에서 지금까지 150개 정도가 발견되었어."

엄마도 한마디 거들었다.

"구상 성단은 산개 성단보다 훨씬 많은 별을 거느리고 있어. 나이가 많지만 서로 가까이 모여서 살아. 별을 이루는 물질도 산개 성단의 별과 좀 다르지."

우두커니 서서 듣고 있던 솔이가 갑자기 울음을 터뜨렸다.
"엉엉엉, 모두 나만 틀렸대. 솔이는 바보야. 솔이는 멍청이. 엉엉엉."
엄마는 솔이를 안아 주며 말했다.
"아냐, 솔이도 잘 생각한 거야. 미안해. 우리가 너무 다그친 것 같아."
하지만 한번 터져 버린 울음은 그칠 줄을 몰랐다. 울음소리에 우주선이 떠나갈 듯했다. 할 수 없이 아빠에게 도움을 청하기로 했다.
밤새워 우주선을 조종하고 곤한 잠에 빠진 아빠를 깨우러 갔다.
살그머니 방문을 열었는데, 아빠는 벌써 일어나 있었고 그간에 벌어진 일을 모두 아는 눈치였다. 아빠가 큰 목소리로 외쳤다.
"우리 솔이는 이제부터 별빛 공주다!"
아빠 말에 신기하게도 솔이는 울음을 뚝 그쳤다.
"자, 별빛 공주님을 위해 구상 성단으로 들어갑니다. 모두 준비!"
아빠는 사차원 로켓의 에너지를 최고로 올렸다. 나는 로켓 점화 장치를 단단히 붙잡고 아빠의 명령을 기다렸다.
"최고 속도로 출발!"
로켓 점화 장치를 있는 힘껏 당겼다. '펑' 하는 소리가 들리고 나서 사방이 깜깜해졌다. 모든 것이 얼어붙은 듯했다. 시간마저 멈춘 느낌이었다. 얼마나 지났을까? 갑자기 '펑' 하는 소리가 다시 들렸다.

눈을 뜨고 우주선 창밖을 내다본 순간 너무 놀라서 입을 다물지 못했다. 헤아릴 수 없이 많은 별이 우주 공간에 가득했다. 구상 성단 한가운데에 들어온 것이다. 지금까지 본 별 중에서 제일 밝은 별빛이 쏟아져 내렸다. 보석 같은 별이 눈부시게 빛나며 우주 공간을 빈틈없이 메운 듯했다. 엄마, 아빠, 솔이, 코코, 그리고 나, 다섯이 모여 손을 잡고 둥글게 원을 그렸다. 서로의 눈을 바라보았다. 눈동자에 별빛이 함께 빛났다.

우주 탐험 열째 날

## 할아버지 할머니, 보고 싶어요!

지구에 돌아가면 해야 할 일이 떠올랐다. 추석 때 할아버지 집에 망원경을 가져갈 거다. 100억 살 된 구상 성단을 보여 드려야지. 할아버지 할머니, 구상 성단처럼 오래오래 사세요.
산개 성단의 아기별님도 좋아하실 것 같다.

# 별들의 모임, 성단

여러 개의 별이 모여 있는 것을 성단이라고 부릅니다. 산개 성단과 구상 성단으로 구분하지요. 산개 성단은 넓은 성운에서 함께 태어나는 별이 무리를 지어 모인 것입니다. 구상 성단에는 더 많은 별이 빽빽이 모여 있는데, 우리 은하에서는 150개 정도 발견되었답니다.

**산개 성단**
비슷한 시기에 함께 태어난 별이 모여 있어요.

**구상 성단 M80**
성단 속 별의 나이는 100억 살 정도입니다.

### 성운에서 태어나는 별
먼지 가스가 모인 성운에서
아기별들이 태어나지요.

### 구상 성단 M13
수십만 개의 별이 둥근
공 모양으로 모여 있어요.

### 성운을 꾸미는 성단
별에서 나온 강한 빛이 주변의
성운을 아름답게 꾸미고 있네요.

### 이중 성단
가운데에 있는 커다란 성단과 오른쪽 아래에 있는
작은 성단이 함께 어울려 있어요.

# 위험천만, 폭발 직전의 초신성에 다가가다

아빠가 고개로 연방 방아를 찧었다. 조종석에 앉은 채로 꾸벅꾸벅 졸고 계신 거였다. 우리 가족이 무사히 우주 탐험을 할 수 있도록 이것저것 신경 쓰다 보니 무척 피곤하셨나 보다.

"아빠, 침실에 가서 편안하게 주무세요."

아빠는 토끼 눈처럼 빨개진 눈을 비비면서 졸음을 쫓아냈다.

"어휴, 힘들어서 도저히 안 되겠어. 오늘은 휴일로 정하자."

이제 일주일 뒤면 이번 탐험의 목표로 삼은 우리 은하의 중심에 도착한다. 예정보다 빨리 가고 있기 때문에 오늘 하루는 모두 푹 쉬기로 했다. 아빠는 침실로 가면서도 연거푸 하품을 했다. 그리고 잠깐 뒤돌아보고는 내게 말했다.

"재범아, 자동 비행 장치 다룰 줄 알지?"

"그럼요, 지난번에 코코가 잘 가르쳐 줬어요."

"아빠가 길잡이별을 정해 놓았어. 아주 밝은 별이니까 우주선이 그 방향으로 가게 맞춰 줄래?"

"네! 걱정하지 말고 푹 주무세요."

조종석 컴퓨터 화면에 별 하나가 밝게 빛났다. 아빠가 말한 길잡이별이다. 조종간을 움직여 십자 표시가 별과 만나게 맞추었다. 화면을 조금씩 넓혀 가면서 길잡이별 근처를 둘러보았다. 그러다가 길잡이별 오른쪽에서 또 다른 별 하나를 찾아냈다. '초신성이 될 수 있는 별'이라고 쓰여 있었는데, 길잡이별보다 훨씬 크고 밝은 별이었다.

'쯧쯧, 이렇게 눈에 잘 띄는 별을 놓치다니!'
아빠가 조는 바람에 이 별을 보지 못했나 보다. 우주에서도 역시 졸음운전은 위험하다. 하하! 나는 '초신성이 될 수 있는 별'을 다시 길잡이별로 정하고 자동 비행 설정을 마무리했다.
우주선 안은 하루 종일 쥐 죽은 듯 조용했다. 코코만 이리저리 왔다 갔다 바쁜 척했다. 나는 모처럼 컴퓨터 게임을 하며 하루를 보냈다.
"재범아, 솔이야. 노올~자!"
코코가 자신만만한 표정으로 우주선의 과학 실험실로 오라고 손짓을 했다. 과학 실험실은 홀로그램 방 옆에 있는데, 신기한 장치나 기구들이 많다. 코코는 어디서 구했는지 검은 테 안경에 흰 가운 차림이었다.
"얘들아, 나 좀 도와줘."
코코는 지구에 돌아가면 과학 탐구 발표 대회에 참가한다고 말했다. '풍선으로 알아보는 별 이야기'를 할 텐데 자기가 잘하는지 봐 달라는 거였다. 실험실 탁자 위에는 빨강, 노랑, 파랑 풍선이 매달려 있었다.
"자, 여기 풍선을 별이라고 생각해 봐. 어느 색 풍선, 아니, 어느 색 별이 온도가 높을까?"
나는 손을 번쩍 들며 외쳤다.
"빨강!"

"땡! 파란 별이 온도가 높고, 빨간 별은 낮아. 노란 별은 그 중간이야. 별은 온도에 따라 색이 달라. 그래서 별의 색만 잘 관찰하면 그 별에 직접 가 보지 않고도 온도를 알 수 있어."

정답을 맞히지는 못했지만 새로운 사실을 알게 되어서 좋았다. 귀를 쫑긋 세우고 코코의 이야기를 들었다.

"빨간 별은 표면 온도가 3천 도쯤이고, 파란 별은 1만 도가 넘어. 우리 태양은 노란 별인데 6천 도지."

별의 색으로 온도를 바로 알아낼 수 있다는 사실이 놀라웠다. 그러다 문득 지난번 성단을 탐험할 때부터 궁금했던 것이 떠올랐다.

"코코야, 별의 나이는 서로 다르잖아. 어떤 별이 오래 살아?"

"킥킥, 그런 질문이 나올 줄 알았지. 별이 얼마나 살지는 태어날 때의 질량에 따라 정해져. 질량이 작은 별은 오래 살아. 100억 년 이상 살기도 해. 하지만 질량이 큰 별은 1억 년이 못 돼서 일생을 마치기도 해."

질량이 큰 별은 에너지를 많이, 그리고 빨리 써 버린다. 그렇기 때문에 그만큼 일찍 일생을 마치는 것이다.

솔이도 물어볼 것이 있다며 손을 들었다.

"태양은 몇 살이야? 태양도 죽어?"

"음, 태양은 지금까지 50억 년쯤 살았어. 그리고 앞으로도 한 50억 년 더 살 거니까 걱정하지 않아도 돼."

"어떻게 죽는데?"

코코는 노란 풍선을 가리키면서 말을 이어 갔다.

"나중에 일생을 마칠 때가 되면 태양은 점점 커질 거야. 색깔도 점점 붉은색으로 변하지. 그러면 '붉은색의 커다란 별'이라는 뜻의 '적색 거성'이 돼. 그러고 나면 마지막에 태양 중심부는 쪼그라들면서 하얗고

★ **질량**

질량은 어떤 물체가 가지고 있는 물질의 고유한 양입니다. 별의 질량이 크다는 것은 별을 이루는 물질이 많다는 뜻이지요. 질량과 무게를 똑같이 여기는 친구들이 있는데, 둘은 서로 달라요. 지구에서 재는 무게는 지구가 물체를 잡아당기는 중력의 크기랍니다. 그러니까 무게는 장소에 따라 달라지지요. 달의 중력은 지구의 1/6입니다. 따라서 달에서 무게를 재면 지구에서 잴 때의 1/6로 줄어들지요. 하지만 질량은 어디에서 재든 늘 같답니다.

작은 별인 '백색 왜성'이 된단다. 나머지 부분은 별 부스러기가 되어 사방으로 천천히 퍼져 나가."

코코는 신이 나서 이야기를 줄줄 풀어냈다.

"자, 이제 아주 놀라운 것을 보여 주지. 태양보다 질량이 훨씬 큰 별은 어떻게 일생을 마치는지 알려 줄게. 재범이가 나와서 좀 도와줄래?"

코코가 시키는 대로 빨간 풍선을 입에 물었다.

"태양보다 질량이 큰 별도 일생을 마칠 때가 다가오면 적색 거성이 돼. 재범아, 빨간 풍선이 적색 거성이라 생각하고 좀 더 크게 불어 줘."

나는 풍선에 힘껏 바람을 불어 넣었다. 야구공만 하던 풍선이 금세 축구공만큼 커졌다.

"조금 더 크게 불어 줄래?"

풍선은 점점 불어나서 덩치 큰 수박만큼 커졌다. 나는 한 손으로 풍선 끝을 잡고 숨을 고르며 말했다.

"이러다 터지는 거 아니야?"

"괜찮아. 이제 잘 들어 봐. 별이 아주 커졌어. 최후의 순간이 되면 별의 중심부는 태양의 경우보다 훨씬 더 강하게 쪼그라들지. 그리고 중성자별이 되거나 더 심하게 쪼그라들면 블랙홀이 생길 수도 있어."

"그럼 다른 부분은 어떻게 돼?"

"별의 중심부가 쪼그라드는 것과 반대로 바깥 부분은 엄청난 속도로 폭발하듯 퍼져 나갈 거야. 이때의 폭발은 정말 강력하지. 짧은 순간 동안 별의 밝기가 1억 배 이상 밝아지기도 해. 참! 이렇게 최후를 맞는 별에게는 특별한 이름을 붙여 주었어."

"그 이름이 뭔데?"

"알고 싶으면 풍선을 조금만 더 크게 불어 줘."

나는 풍선이 터질까 봐 겁이 났지만, 눈을 질끈 감고 불었다. 솔이는 벌써 귀를 막고 있었다. 차근차근 숨을 불어 넣는데, 코코가 다가오는 발걸음 소리가 들렸다. 한쪽 눈을 살짝 떴더니, 손에 바늘을 들고 있는 코코의 모습이 보였다.

"안 돼!"

하지만 때는 이미 늦었다.

"빵!"

귀청이 떨어져 나가는 줄 알았다. 코코가 얼얼해진 내 귀에 대고 말했다.

"폭발하는 별의 이름은 '초신성'이야."

초신성의 탄생에서 죽음까지!

먼지와 가스가 모여 있는
성운이 붉게 보입니다.

성운에서 서서히 뭉치는
부분이 생겨납니다.

새로 태어난 아기별들이
빛을 냅니다.

그중에 태양보다
훨씬 질량이 큰 별이
있네요.

질량이 큰 별은
강한 빛을 내면서 빨리
늙어 갑니다.

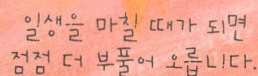
일생을 마칠 때가 되면
점점 더 부풀어 오릅니다.

드디어 초신성이 되었어요.
엄청나게 밝아지면서
폭발하듯이 별 부스러기가
퍼져 나갑니다.

초신성의 중심부는 강하게
쪼그라들어 중성자별이
됩니다.

더 심하게 쪼그라들면
블랙홀이 만들어질 수도
있답니다.

나는 갑자기 정신이 번쩍 들었다.

'초신성이라고? 폭발? 꽝? 이런, 아까 내가 길잡이로 정한 별이잖아!'

우주선이 그 위험한 초신성을 향해 가고 있다니! 나는 무서운 생각에 소름이 돋았다. 벌떡 일어나는 순간, 바로 옆 창문에서 번개가 한꺼번에 쏟아지듯 강한 빛이 내리비쳤다. 우주선이 쿵쾅거리며 심하게 흔들렸다. 하필이면 이때 초신성이 터진 것이다. 나는 눈앞이 캄캄해지면서 정신을 잃고 쓰러졌다.

우주 탐험 열여덟째 날

## 초신성 폭발하다!

오늘은 큰 실수를 한 날이다. 내가 잠깐 기절한 것 빼고 다친 사람이 없어서 다행이다. 초신성에 대해 미리 알았더라면 이런 일이 생기지 않았을 텐데···. 앞으로 별 공부를 더 열심히 해야겠다.

# 죽음을 앞둔 초신성

질량이 큰 별은 일생의 마지막 순간에 대폭발을 일으킵니다. 이때 별은 초신성이 되면서 몇억 배 밝기로 빛나지요. 별이 갑자기 엄청나게 밝아지기 때문에 새로운 별이 태어난 것처럼 보이지만, 실제로는 별이 죽는 순간이에요. 그럼 초신성이 뿜어내는 별 부스러기는 어떻게 될까요? 별 부스러기는 점점 퍼져 나가 다른 곳에서 새로운 별이나 행성을 만드는 재료가 되기도 합니다.

### 은하 속 초신성
멀리 있는 은하는 희뿌연 구름처럼 보이기 때문에, 은하 속의 별을 하나하나 구분하기는 어려워요. 하지만 초신성 폭발이 일어나면 가능하지요. 별의 밝기가 순식간에 수억 배 이상 밝아지기 때문입니다.

### 초신성 1987A
1987년 마젤란은하에서 폭발한 초신성입니다. 별 부스러기가 고리 모양으로 퍼져 나오고 있어요.

### 게성운
1054년에 폭발한 초신성입니다. 지금까지 약 1,000년 동안 별 부스러기가 사방으로 퍼져 나가면서 게 모양이 되었어요. 별 부스러기는 앞으로도 계속 더 넓게 퍼져 나갈 거예요.

### 여러 가지 초신성 부스러기

태양보다 50배 무거운 초신성 부스러기

1만 5천 년 전에 폭발한 초신성 부스러기

불꽃놀이를 닮은 초신성 부스러기

면사포처럼 퍼져 나가는 초신성 부스러기

# 천체 망원경으로 우주를 널리 열다

'뚝딱뚝딱, 윙-척 윙-척.'

벌써 세 시간째 우주선 밖에서 망원경 수리를 하고 있다. 이 망원경은 우주선의 날개 부분에 튀어나와 있는데, 코코 방에 있는 망원경보다 훨씬 크고 성능이 좋다. 하지만 어제 일어난 초신성 폭발 때문에 고장 나 버렸다.

코코는 여러 가지 수리 도구를 능숙하게 잘 다루었다. 나는 코코 뒤에 붙어서 조수 역할을 했다. 우주선 안에만 있다가 밖에 나와서 보니 우리 우주선이 더 빛나고 멋있어 보였다.

"코코야, 우주선 표면에 투명한 것이 발라져 있는데 뭐야?"

"특수 물질인데 아주 강해. 이걸 발라 놓으면 무엇이든 뚫고 들어갈 수 있어."

"왜 그렇게 강한 거야?"

"우주선을 만든 과학자들도 그 비밀은 풀지 못했어."
"어째서?"
"어휴, 쓸데없는 거 묻지 말고 일이나 도와줘. 동그란 렌즈 꺼내 줄래?"
"알았어, 잠깐 기다려 봐."
수리 도구함을 뒤져 보았지만 렌즈를 담는 통은 비어 있었다.
"이런, 빈 통이야. 렌즈는 없어."
"이상하다. 분명히 챙겼는데. 할 수 없군. 과학 실험실에 가서 좀 가져다줘."
보통 때면 투덜거렸겠지만 내 실수로 고장 난 것이라 군말 않고 우주선으로 들어갔다.

과학 실험실로 가서 렌즈 보관함을 열었다. 그런데 아뿔싸! 모양과 크기가 조금씩 다른 수십 개의 렌즈가 들어 있었다. 코코가 손짓으로 알려 준 렌즈 생김새를 떠올리며 하나씩 꺼냈다. 양손에 렌즈를 들고 이리저리 살펴보았다. 그러다가 내 눈을 의심할 일이 벌어졌다.
"와, 이럴 수가!"
렌즈를 든 왼손을 앞으로 뻗고, 오른손의 렌즈를 눈앞에 놓았다. 그리고 두 렌즈와 내 눈을 나란히 맞추었더니, 실험실 구석에 놓인 상자의 글씨가 아주 크게 보였다. 갑자기 가슴이 콩닥콩닥 뛰었다. 무언가 대단한 발명을 한 것 같았다. 조종실로 무작정 달려갔다.
"아빠, 제가 발명을 했어요!"
내가 알아낸 것을 아빠 앞에 가서 똑같이 보여 드렸다.
"아빠도 해 보세요. 무엇이든 크게 보인다니까요."

아빠는 내가 시키는 대로 렌즈를 들고 살펴보았다.
"정말 신기하죠?"
아빠가 웃으며 내 머리를 쓰다듬어 주셨다. 그때 멋진 아이디어가 떠올랐다. 두꺼운 종이를 가져와서 둘둘 말아 길쭉한 통을 만들었다. 통 양쪽 끝에 렌즈를 끼워 넣고 살짝 테이프를 붙였다.
"어때요? 들고 보기도 편해요. 야호! 내가 발명을 했다!"
아까부터 껄껄껄 웃고만 있던 아빠가 말문을 열었다.
"400년 전쯤에 지금과 같은 일이 있었지."
"네? 무슨 말이에요, 아빠?"
그다음에 이어지는 이야기에 나는 맥이 풀리고 말았다.
망원경은 1608년 네덜란드의 한스 리퍼세이가 처음 발명했다고 한다. 안경 만드는 일을 하는 사람이었는데 나와 비슷한 경험을 했다나. 우연히 두 개의 렌즈를 적당한 거리에 놓고 보다가 먼 곳의 물체가 크게 보인다는 사실을 알아낸 것이었다. 망원경이 발명되었다는 소식은 여러 곳에 퍼졌고, 곧이어 과학자 갈릴레오도 스스로 연구하여 망원경을 만들었다고 한다.
"갈릴레오는 망원경으로 밤하늘을 보았어. 달의 운석

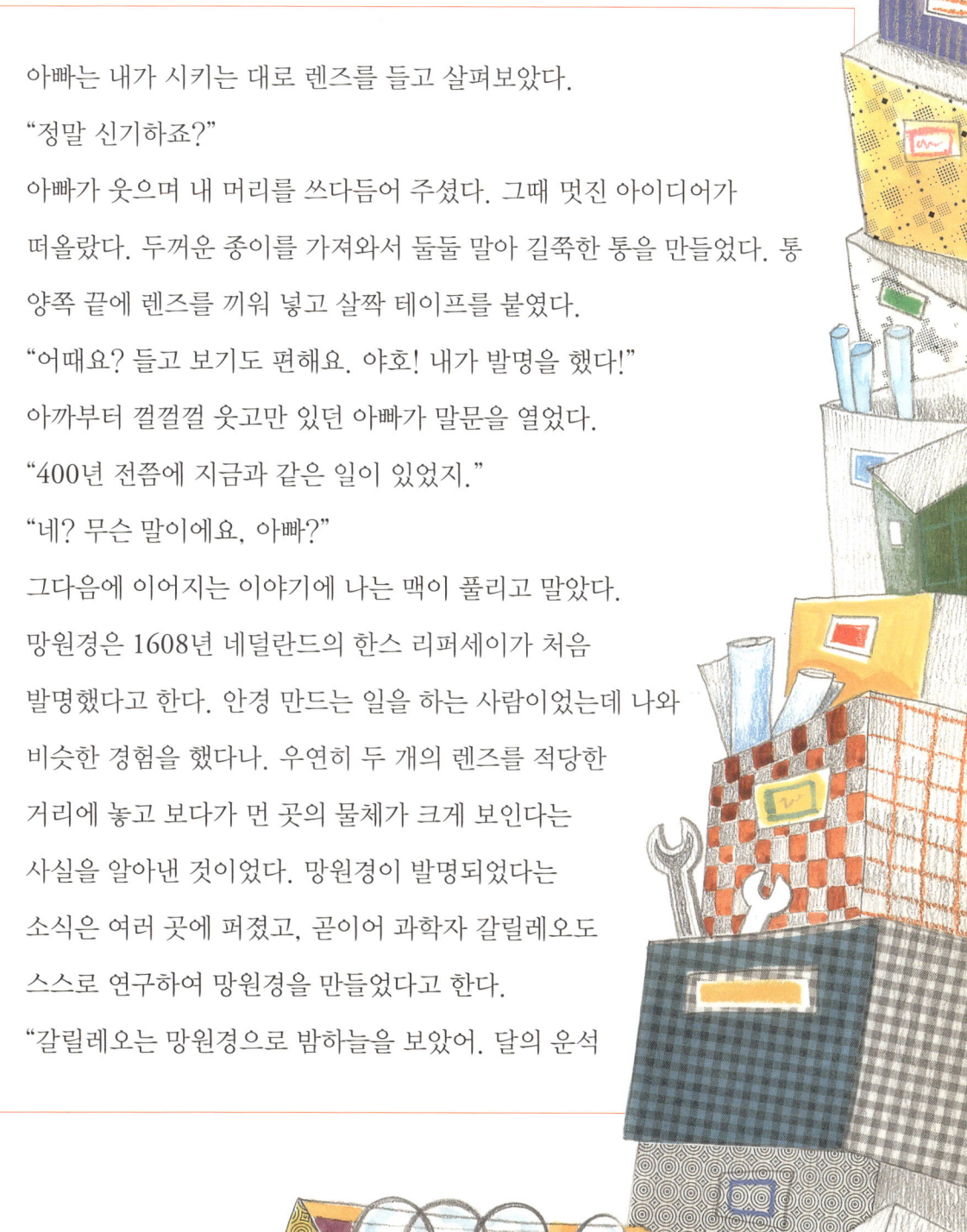

구덩이, 금성의 모양 변화, 목성의 위성 따위를 관찰했단다. 멀게만 보였던 우주가 망원경을 통해 새로운 모습을 드러내기 시작한 거야. 우주 과학은 천체 망원경의 발전과 함께했지."

"아깝다! 내가 더 일찍 태어났다면 먼저 할 수 있었을 텐데…."

살며시 눈을 감았다. 갈릴레오의 망원경을 상상해 보았다. 망원경으로 별을 관찰하는 내 모습이 떠오른다. 꿈꾸듯 먼 옛날로 빨려 들어간다. 갈릴레오와 나는 망원경 옆에 서서 우주에 대한 이야기를 나눈다. 별빛이 초롱초롱 빛난다.

그때, 어깨에 달린 무전기에서 삑삑 소리가 났다. 코코의 다급한 목소리가 들렸다.

"야, 너 어디 있는 거야?"

"하필 이럴 때 무전을 치면 어떡해! 지금 막 갈릴레오와 중요한 이야기를 할 참이었는데."

"무슨 정신 나간 소리야! 렌즈는 도대체 언제 갖다 줄 거야?"

"아차, 내 정신 좀 봐라. 미안. 금방 달려갈게."

우주선 밖으로 나갔더니 잔뜩 화가 난 코코가 씩씩거리고 있었다. 양손으로 싹싹 빌고 나서야 겨우 코코의 마음을 달랠 수 있었다. 저녁 내내 솔이는 내 뒤를 졸졸 따라다니며 놀아 달라고 떼썼다. 하는 수 없이 솔이를 데리고 코코 방으로 갔다. 코코는 벌써 드르렁드르렁 코를 골며 자고 있었다. 방 한가운데 있는 망원경이 오늘따라 달라 보였다. 몇 번 사용한 망원경이지만 구석구석 다시 살펴보았다.

"솔이야, 너도 망원경에 대해 궁금한 게 많지?"

"응. 저 길쭉한 통 안에 도깨비가 들어 있을지도 몰라."

"하하, 그건 경통이라고 불러. 하긴 저 속이 어떻게 생겼는지는 나도 궁금해."

"오빠, 경통을 뜯어보자."

"그럴까?"

코코에게 들키지 않게 까치발을 하고 살금살금 조용조용 경통을 분리해 내는 나사를 돌렸다.

"천천히, 조금만 더 돌려 봐."

그때 나사가 뚝 떨어지면서 '탱' 하고 소리가 났다. 아니나 다를까 코코가 눈을 번쩍 뜨고 우리를 노려보았다.

"어휴, 이 망원경도 고장 낼 참이야?"

"아, 아니. 망원경의 원리가 알고 싶어서 말이야."

"못 말리는 호기심 대장들이라니까. 알았어. 내가 알려 줄게."

코코는 조심스럽게 경통을 분리해서 테이블 위에 놓았다. 작은 나사를 여러 개 풀자 경통이 길쭉하게 반으로 나뉘었다. 그리고 경통의 절반을 들어냈더니 속이 훤히 보였다. 한쪽 끝에 돋보기처럼 생긴 큰 볼록 렌즈가 있고 다른 한쪽에는 작은 렌즈가 있었다.

"어? 이건 아까 내가 만든 망원경하고 비슷하잖아."

"자, 지금부터 신통방통한 망원경의 원리를 알려 줄게. 첫째, 여기 큰 돋보기처럼 생긴 것은 대물렌즈라고 불러. 멀리 있는 물체의 빛을 모아 초점 거리만큼 떨어진 곳에 상을 맺지. 둘째, 눈을 대고 보는 쪽에 있는 작은 렌즈는 접안렌즈야. 초점에 맺힌 상을 크게 해서 보여 주지."

"알 듯 모를 듯하네. 좀 쉽게 얘기해 줄래?"

코코는 방문을 열고 나서 경통을 조심스럽게 움직였다. 경통은 조종실 너머 홀로그램 방 벽면에 있는 동그란 전등을 가리켰다.

"전등을 별이라고 생각해 봐. 전등 빛이 대물렌즈를 지나면 초점이 있는 곳에 모이지."

코코가 초점을 가리켰지만, 거기에는 아무것도 안 보였다.

"잘 봐, 내가 초점이라고 말한 곳에 흰 종이를 놓아 볼게."

그러자 신기하게도 흰 종이에 전등 모양이 나타났다. 종이를 대면 전등이 보이고 종이를 빼면 아무것도 안 보였다.

"여기가 초점이야. 이곳에 전등이나 별의 모습이 맺히지. 그것을 바로

뒤에 있는 접안렌즈로 확대해서 보는 거야."

"이제 알 것 같아. 대물렌즈가 초점에 빛을 모아 주고 접안렌즈는 그것을 확대해서 본다는 말이지?"

코코는 고개를 끄덕끄덕했다. 나는 다시 한 번 망원경을 들여다보았다. 전등은 안 보이고 커다란 솔이 얼굴이 보였다.

"오빠, 나 예뻐?"

"하하, 달덩이 같은걸."

사람들은 참 많은 도구를 만들어 낸다. 그중에서 가장 신비로운 걸 꼽으라면 천체 망원경이 아닐까? 망원경으로 열심히 별을 관찰하기로 마음먹었다. 그래서 호기심과 상상력을 우주만큼 크고 넓게 키워야겠다.

 우주 탐험 열아홉째 날

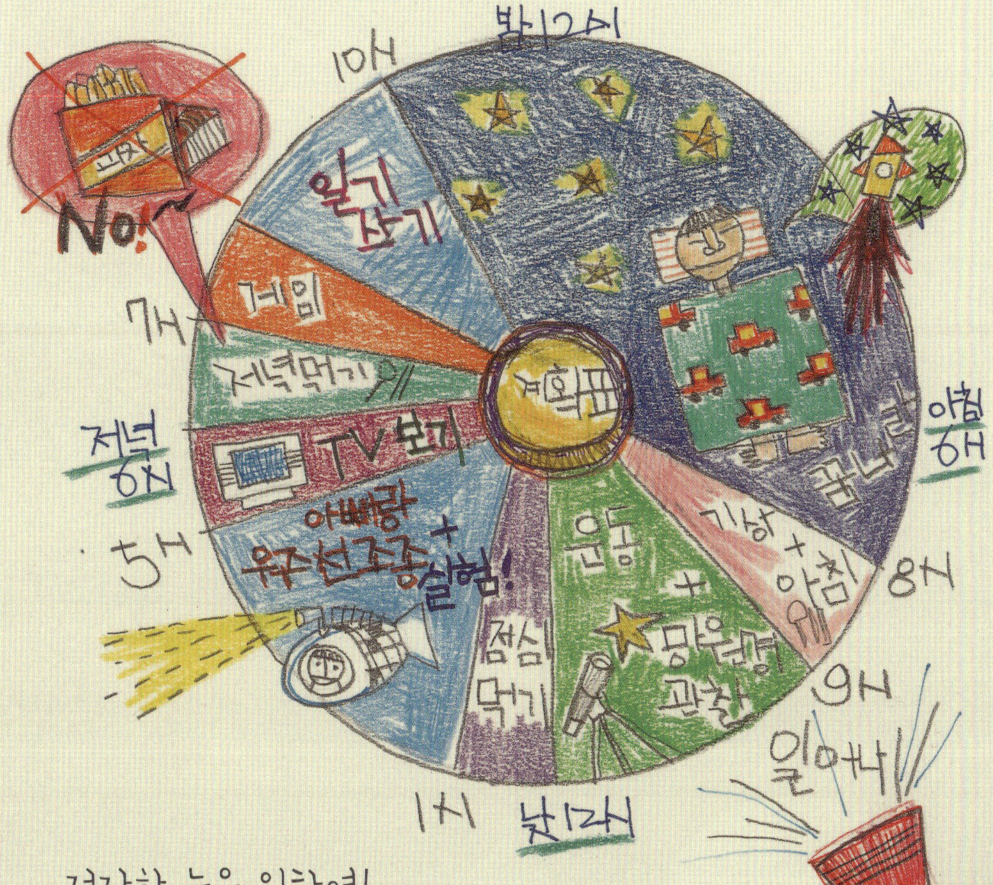

### 건강한 눈을 위하여!

컴퓨터 게임 시간을 줄이기로 했다. 텔레비전 보는 시간도 줄이기로 했다. 책을 볼 때는 바른 자세로 앉아야 한다. 과자는 덜 먹고 엄마가 해 주는 음식을 골고루 먹기로 다짐했다. 그래야 눈이 건강해져서 망원경으로 별을 더 잘 볼 수 있기 때문이다.

## 천체 망원경을 들여다볼까?

별과 우주의 비밀을 풀어내는 신기한 도구, 천체 망원경에 대해 함께 알아보아요. 천체 망원경은 크게 세 부분으로 나눌 수 있어요. 경통, 장치대, 다리이지요. 장치대는 경통을 잡고 있으며 하늘의 여러 방향으로 자유롭게 움직일 수 있어요. 또한 다리는 장치대를 안전하게 받쳐 주는 역할을 한답니다.

별을 관찰할 때 천체 망원경에 손이 닿지 않게 하는 것이 좋아. 그래야 흔들리지 않고 선명하게 보이니까.

네! 잘 알겠습니다!

> 관찰할 별만 뚫어지게 보지 말고 주변을 흘깃 보았다가 별을 보면 오히려 더 잘 보여.

**경통**

**균형추**
경통과 무게 균형을 맞추어 장치대가 부드럽게 움직이도록 해 줍니다.

**탐색경**
하늘을 넓게 보면서 천체의 위치를 찾을 때 씁니다.

**장치대**

**접안렌즈**
눈을 대고 관찰하는 부분입니다.

### 외계 태양계에서 만난 외계인

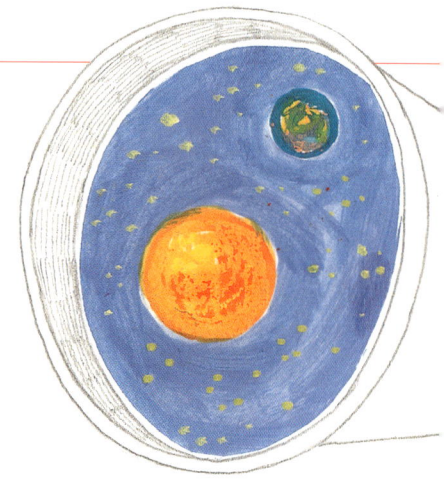

온종일 코코 방에 틀어박혀 망원경으로 별을 관찰했다.

"인제 그만하고 네 방으로 가라. 응?"

"딱 5분만 더 볼게."

망원경의 원리를 알고 나니까 별 보는 게 훨씬 즐거웠다. 차라리 코코 방과 내 방을 바꾸는 것이 좋겠다는 생각이 들었다. 하지만 물어보나 마나 코코가 반대할 것이다. 별은 사진으로 봐도 멋있지만, 망원경으로 직접 관찰하면 더 생생한 느낌이다.

"이 별은 참 노랗다. 우리 태양과 비슷한걸. 코코야, 너도 한번 볼래?"

"싫어. 잠이나 잘 거야."

노란 별을 보다가 망원경을 살며시 옆으로 돌렸더니 작고 푸른 것이 언뜻 눈에 띄었다. 보일 듯 말 듯 희미했다.

"이상한 게 보여. 어서 와! 네 눈이 더 좋잖아."

코코는 몸을 질질 끌며 왔다.
"아휴, 귀찮아. 도대체 뭐가 보인다는 거야?"
망원경을 보던 코코가 퉁명스럽게 말했다.
"이건 노란 별 둘레를 도는 행성이야. 이런 행성은 다른 별에도 많이 있어."
다시 제자리로 돌아가던 코코가 갑자기 걸음을 멈췄다.
"잠깐! 그런데 이 행성은 좀 다르네. 색깔이 푸른 행성은 나도 처음인데…."
코코는 눈을 동그랗게 뜨고 고개를 갸우뚱거리며 망원경 주위를 맴돌았다.
"푸른색이라면, 그래! 물이 있을지도 몰라. 재범아, 어서 따라와!"
코코는 조종실로 달려가면서 아빠에게 외쳤다.
"지구를 닮은 행성을 찾았어요!"
어제 수리한 우주선의 외부 망원경으로 더 자세히 조사하기로 했다. 우선 노란 별을 먼저 관찰했다. 조종실의 대형 화면에 망원경으로 촬영한 별의 모습이 곧바로 나타났다. 아빠는 컴퓨터로 별의 정보를 서둘러 계산했다.

"와! 우리 태양과 쌍둥이네. 별의 밝기, 표면 온도, 질량, 모든 정보가 태양과 비슷해."

곧이어 푸른 행성의 모습이 화면에 나타났다. 나는 깜짝 놀라 눈이 휘둥그레졌다. 우리 지구를 보는 듯한 착각이 들었다. 엄마가 떨리는 목소리로 말했다.

"바, 바다가 보여."

군데군데 갈색으로 물든 부분도 나타났다.

"아빠, 땅도 있는 것 같아요. 어떻게 된 거죠?"

아빠는 손가락이 보일 틈도 없이 빠르게 컴퓨터 자판을 두드렸다. 잠시 뒤에 푸른 행성의 정보가 주르르 화면에 나타났다. 아빠의 눈동자가 빛났다.

"와, 정말 행운이야. 저 행성이 노란 별과 조금 더 가까웠다면 행성 표면의 물은 모두 끓어서 수증기가 되었을 거야.

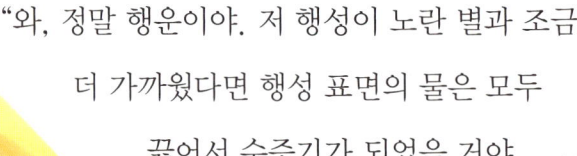

반대로 더 멀었더라면 꽁꽁 얼어붙었을 거고."
 푸른 행성과 노란 별은 지구와 태양의 관계와 비슷했다. 서로 적당히 떨어진 거리에 있으니까 말이다. 그 적당한 거리가 행성 표면을 너무 차갑지도 너무 뜨겁지도 않게 하기 때문에 물이 액체 상태로 있을 수 있는 것이다. 아빠가 손을 번쩍 들어 올리며 외쳤다.
"저 행성으로 착륙한다. 모두 준비해!"
가슴이 두근거렸다. 어쩌면 외계인을 만날지도 모른다. 우주선이 푸른 행성에 다가갈수록 바다와 땅의 모습이 더 또렷해졌다. 우주선은 천천히 조심스럽게 행성 표면으로 내려가, 누런 흙먼지를 일으키며 착륙했다.

엄마와 솔이는 우주선에 남기로 했다.
행성 탐사용 우주복을 입고 우주선 밖으로 나섰다. 행성 표면에 첫발을
내디딜 때는 너무 떨려서 살짝 어지러움을 느꼈다. 다시 마음을
가다듬고 한 발 두 발 옮겨 보니 지구에서 걷는 것과 비슷했다.
지구와 중력이 비슷하기 때문이다.
"야호! 내가 외계 행성에 왔다. 이게 꿈이냐 생시냐."
하늘을 올려다보았다. 지구보다 검푸른 빛이었다.
그리고 태양처럼 밝은 노란 별이 빛났다.
"아빠, 숨 쉬기가 좀 불편한데 헬멧을
벗어도 돼요?"
"그건 안 돼. 이 행성의 대기는
지구와 좀 다르구나. 지구에는 없는
기체가 섞여 있어."

착륙 지점 가까이 있는 바다를 먼저 탐사하기로 했다. 코코가 앞장서고 아빠와 나는 뒤를 따랐다. 엉뚱한 생각이 머리를 맴돌았다.
'혹시 외계인이 나타나면 어떡하지? 악수를 할까? 안아 줄까? 그냥 눈인사만 할까? 아냐, 눈이 없을 수도 있잖아!'
앞서 가는 코코의 발걸음이 점점 빨라졌다. 언덕 하나만 넘으면 바다가 보일 것이다. 아빠의 손을 꼭 붙잡고 걸었다. 먼지바람이 휘익 지나갔다. 앞이 잘 안 보였지만 아빠는 발걸음을 재촉했다.
드디어 언덕에 올라섰다. 먼지바람이 잠잠해지더니 스멀스멀 내려앉으며 누런 층을 만들었다. 드넓은 바다가 눈앞에 펼쳐졌다. 파도가 거의 치지 않아서 호수처럼 조용했다. 아빠는 바닷가에 실험 장치를 설치했다. 그리고 바닷물에 있을지 모를 생명체의 흔적을 찾기 시작했다.
땡볕 아래서 한 시간쯤 실험을 계속했지만, 아무것도 발견하지 못했다.

"좀 쉬었다 하자."

"저기 큰 바위 밑에 그늘이 있어요."

아빠도 코코도 모두 지친 얼굴이다. 나는 지난밤에 잠을 제대로 못 잔 탓에 눈꺼풀이 무거웠다. 바위에 기대앉으니까 눈이 저절로 껌벅거렸다. 온 힘을 다해 눈꺼풀을 겨우 붙들고 있는데, 바닷가에서 무엇인가 어렴풋이 움직이는 게 보였다. 아주 천천히 움직여서 내가 잘못 본 줄 알았지만, 분명히 무언가 살랑살랑 흔들거리고 있었다.

"뭐지?"

벌떡 일어나서 달려갔다. 그곳에는 흐물흐물 바람 빠진 풍선 인간이 쓰러져 있었다. 너무 놀라서 온몸이 얼어붙는 줄 알았다.

"외, 외계인이잖아!"

크게 숨을 내쉬고 정신을 바짝 차린 다음 살금살금 다가갔다. 외계인의 한쪽 어깨에 바람을 넣을 수 있는 구멍이 보였다. 등에 멘 공기통의 튜브를 연결해서 외계인의 몸에 바람을 넣어 주었다. 외계인의 몸이 조금씩 부풀어 올랐다. 내 키의 절반 정도였다. 바람이 들어갈수록 일그러진 외계인의 얼굴이 팽팽해졌다. 눈이 꼭 수박씨처럼 새까맣지만 귀엽게 생겼다. 바람이 다시 빠지지 않게 구멍을 뚜껑으로 단단히 막았다. 그때 바람 외계인이 고개를 돌리면서 방긋 눈인사를 했다. 나도 웃으면서 손을 흔들었다.

"하하! 안녕, 바람 외계인."

외계인은 양손을 가슴에 모았다가 살며시 펼치면서 내밀었다.

'무슨 뜻이지?'

나도 양손을 가슴에 모았다가 펼치면서 말했다.

"마음을 열어 친구가 되자! 이런 뜻이야?"

바람 외계인은 내 말을 알아들은 것처럼 고개를 끄덕거렸다. 나는 활짝 웃으면서 말했다.

"너, 나랑 거울 놀이하자."

바람 외계인은 내가 하는 동작을 거울처럼 그대로 따라 했다. 아마 외계인과 거울 놀이를 한 사람은 이 세상에 나밖에 없을 거다. 하하!

그렇게 한참을 놀다 보니 어느새 바다 가까이로 노란 별이 내려왔다. 바람 외계인은 노란 별을 보고 깜짝 놀라더니 바다로 뛰어갔다. 더 놀지 못해 아쉬웠지만 힘차게 손을 흔들어 주었다. 바람 외계인은 잠시 걸음을 멈추고 뒤돌아보았다. 나는 양손을 머리에 올려 하트 모양을 그렸다. 바람 외계인도 그대로 따라 했다.

그때였다. 누군가 내 어깨를 흔들어 댔다. 눈을 번쩍 떴더니 코코의 얼굴이 보였다. 나는 바닷가 쪽으로 고개를 돌리며 말했다.

"바람 외계인 못 봤어?"

"무슨 외계인 타령이야! 저쪽에서 엄청난 먼지 돌풍이 오고 있어. 어서 피하자."

"이런, 꿈이었잖아!"

먼지 돌풍을 피해 서둘러 우주선으로 돌아왔다. 결국 행성에서 생명체의 흔적은 찾아내지 못했다.

우주선 창가에 앉아 푸른 행성을 바라보았다.

'다음에 꼭 다시 올 테다.'

푸른 행성 뒤로 금빛 모래알 같은 별들이 흩뿌려져 있다. 오늘따라 별빛이 유난히 맑다. 저 별 중에 태양을 닮은 별도 많을 것이다. 그 별 둘레를 도는 행성 중에는 지구를 닮은 것도 분명히 있을 것이다. 산이 있고, 물 흐르는 계곡이 있고, 바다도 있는 그런 행성 말이다. 그곳에 또 다른 외계인 친구가 우리를 기다리고 있을지 모른다.

우주 탐험 스물첫째 날

외계인 친구야, 안녕?

오늘 꿈속에서 외계인 친구를 세 명이나 만났다. 나중에
잊어버릴까 봐 그림으로 그렸다. 그런데 정말 외계인이 있을까?
어떤 모습일까? 우주는 아주 넓고 별도 무지 많다.
그러니까 외계인 친구도 어디엔가 있겠지!

# 신비로운 외계 태양계

깜깜한 우주 공간에는 헤아릴 수 없을 만큼 많은 별이 있어요. 우주 과학자들은 그중에서 우리 태양처럼 행성을 거느린 별을 찾으려고 노력했어요. 무척 어려운 일이지요. 별은 아주 밝은 반면에 그 둘레를 도는 행성은 작고 희미하기 때문에 발견하기가 힘들거든요. 하지만 우주 과학자들은 결국 행성을 거느린 별들을 발견했답니다. 그중에는 우리 태양계와 닮은 것도 있고 그렇지 않은 것도 있어요. 외계 태양계에 대해 더 많은 것을 알아내면 우리 태양계의 숨겨진 비밀도 밝혀낼 수 있답니다.

### 펄서 둘레를 도는 행성

초신성 폭발 후 별의 중심부에서는 중성자별이 태어나기도 합니다. 중성자별의 지름은 20킬로미터 정도예요. 서울보다 조금 작은 크기의 별인데, 중성자가 빽빽이 들어차 있어서 아주 무겁지요. 만약 중성자별에서 각설탕 크기만큼을 떼어 낸다면 그 질량은 무려 10억 톤이나 될 거예요. 아주 빠른 속도로 스스로 도는 중성자별을 펄서라고 부릅니다. 펄서에서 전기를 띤 물질이 뿜어져 나와 행성의 극지방에 닿으면서 오로라가 생겨요.

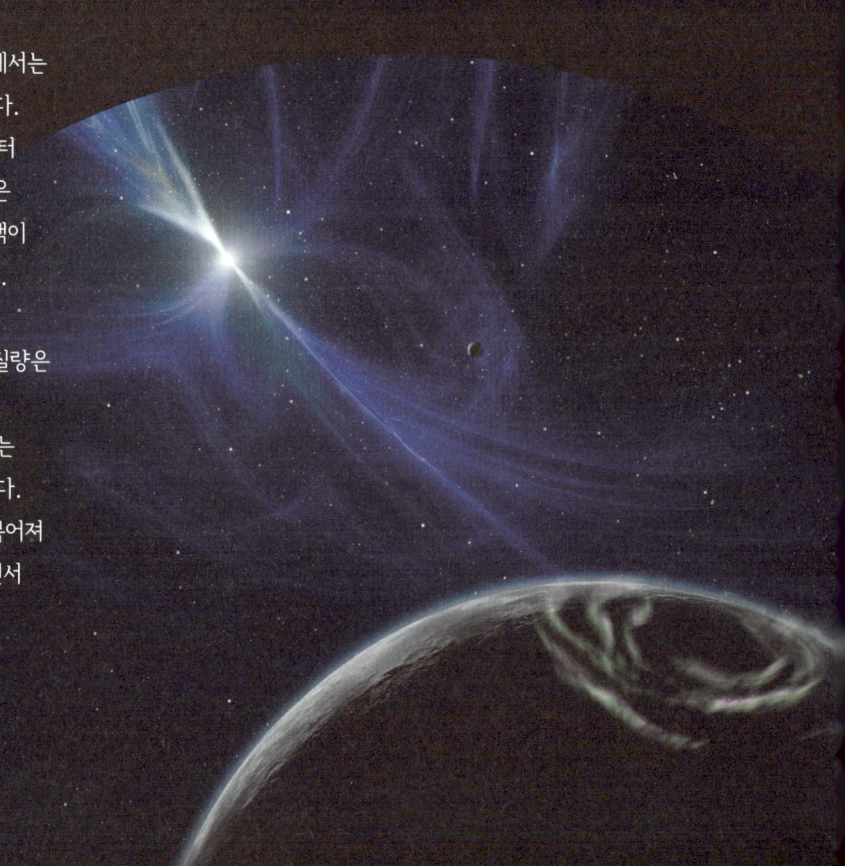

### 수증기가 있는 행성

여우자리 방향으로 63광년 떨어진 곳에 있는 별에서 행성을 찾아냈어요. 놀랍게도 그 행성에 수증기가 있다는 사실을 밝혀냈지요. 수증기나 물은 생명체에 꼭 필요한 것이에요.

### 여러 행성을 거느린 외계 태양계

게자리의 55번 별 둘레를 도는 네 개의 행성입니다. 맨 앞에 보이는 것은 지구보다 45배나 무거워요. 260일에 한 번씩 별 주위를 돌지요.

### 지구와 비슷한 크기의 행성을 거느린 외계 태양계

### 외계 태양계의 행성 만들기

새로 태어난 별 둘레에 먼지 원반이 남아 있어요. 먼지들을 끌어당기면서 덩치 큰 행성이 생겨나요.

먼지가 별이 되는 거예요?

## 천억 곱하기 천억 개의 별이라니!!

별가족 모두 홀로그램 방에 모였다. 아빠가 우렁찬 목소리로 말했다.

"우리 은하 중심 가까이 왔어. 내일이면 도착할 거야."

엄마도 환한 얼굴로 말했다.

"서로 잘 도와주어서 여기까지 올 수 있었어. 모두 박수!"

"짝짝짝!"

"내일 은하 중심 탐험을 마치면 곧장 지구로 돌아간다. 3일 정도면 지구에 갈 수 있어."

나는 3일이라는 말에 귀가 번쩍 뜨였다.

"그렇게 빨리 갈 수 있어요?"

아빠는 주머니에서 우주선 모형을 꺼내 들고 말했다.

"우주선 아래쪽에 둥글게 튀어나온 부분 보여?"

"네, 저도 그게 뭘까 궁금했어요."

"지구로 갈 때 사용할 '순간 이동 로켓'이야. 엄청나게 먼 거리를 순식간에 이동할 수 있지. 하지만 딱 한 번만 쓸 수 있어."

"좀 아쉽다. 우주 탐험을 더 오래 하고 싶었는데, 쩝!"

아빠는 홀로그램 영상으로 우리 은하의 모습을 큼직하게 띄웠다. 다시 보아도 커다란 달걀 프라이처럼 생겼다. 하하!

리모컨을 한 번씩 누를 때마다 지금까지 탐험한 짝별, 변광성, 성운, 성단이 우리 은하 구석구석에 나타났다. 초신성이 폭발했을 때는 정말 아찔했다. 그래도 제일 기억에 남는 것은 외계 행성에 착륙한 일이다.

"궁금한 게 있어요. 우리 은하에 태양처럼 스스로 빛나는 별은 몇 개나 있어요?"

"글쎄? 한번 헤아려 볼까?"

아빠는 은하 영상에 찍힌 수많은 점을 손가락으로 하나씩 가리키며 세기 시작했다.

"에이, 그렇게 해서 언제 다 세요. 장난하지 말고요."

"하하! 미안, 이제 진짜 알아보자. 우리 은하에 있는 별의 수는 약 2천 하고 그다음에 뭘까?"

솔이는 2천5백 개, 나는 2천만 개라고 대답했는데 아빠는 둘 다 고개를 저었다.

"엄청나게 많은 걸 보면 '억!' 하고 놀라잖아. 자, 이제 아빠가
'2천'이라고 말하면 모두 '억!' 하고 큰 소리로 외치는 거야. 알았지?"
아빠가 말한 대로 따라 했다.
"2천."
"억!"
"이제 알겠지? 우리 은하에 있는 별을 모두 합하면 2천억 개쯤 된단다."
나는 잠깐 눈을 감고 2천억 개의 별을 머릿속에 그려 보았다. 너무 많은
별을 떠올리려니 머리가 멍해지는 것 같았다.
"2천억이라는 수가 상상이 잘 안 돼."
"헤헤, 이럴 때 써먹으려고 준비해 둔 게 있지."
코코는 서랍 속에서 상자를 꺼냈다. 그 속에는 모래가 담겨 있었다.
"이리 와서 양손으로 모래 한 줌을 떠 봐."
나는 깨알 같은 모래를 한 줌 퍼서 손에 담았다.
"지금 네 손에 있는 모래알의 수는 1만
개 정도야. 못 믿겠으면 한번
헤아려 봐. 하하!"

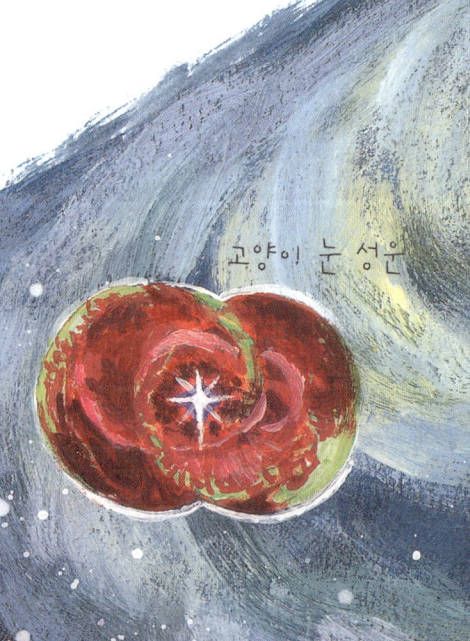

고양이 눈 성운

아빠는 엄지와 검지를 동그랗게 이어 코코 말이 맞다고 신호를 보냈다. 코코는 아빠에게 눈인사를 하고 나서 말을 이었다.

"이제부터 모래알을 별이라고 해 보자. 네가 바닷가에 있다고 상상하고 1초에 한 줌씩 모래알을 퍼내는 거야. 한 줌에 1만 개인데 2천억 개를 퍼내려면 얼마나 걸릴까?"

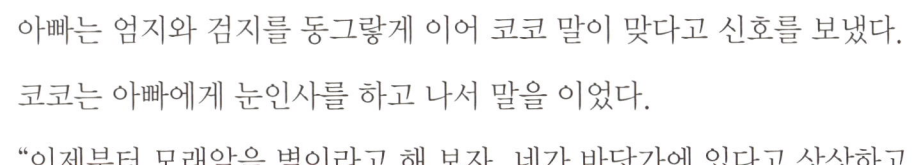

"음, 다섯 시간? 아니면 열 시간? 잘 모르겠어."
"정답을 알려 줄게. 잠자는 시간 빼고 하루 종일 해서 1년 정도 걸려."
1초에 한 줌씩 1년 동안 모래알을 퍼내야 2천억 개! 우리 은하에 그렇게 많은 별이 있을 줄이야! 너무 놀라서 정신이 멍해질 지경이었다. 손에 담은 모래알이 바닥에 쏟아지는 줄도 모르고 서 있었다. 아빠는 모래알 하나를 주워 손바닥에 올려놓으며 말했다.
"그렇게 많은 별 중의 하나가 태양이란다."
아빠는 모래알을 들고 홀로그램으로 나타난 은하 영상 가까이 갔다. 은하 중심에서 좀 떨어진 나선 팔 가까이에 모래알을 놓았다.
"여기쯤 태양이 있어. 태양은 우리 지구를 포함해서 여덟 행성, 소행성, 혜성 따위를 거느리고 태양계를 이루지. 태양계 가족은 가만히 있지 않고 우리 은하 중심 둘레를 돈단다. 한 번 도는 데 2억 년이 걸린다고 해."

그렇게 많다니…

소용돌이 모양의 우리 은하 모습이 더 신비롭게 다가왔다. 이번 우주 탐험을 떠나기 전까지만 해도 우주 공간에 별들이 골고루 흩뿌려져 있는 줄 알았다. 하지만

이제는 별들이 은하에 모여
산다는 것을 알게 되었다. 은하는
정말 많은 별을 거느리고 있다. 그런 은하들이 우주 공간 구석구석에
자리하고 있다. 아빠가 알려 주었는데, 우주 전체에 있는 은하의 수는
천억 개가량이라고 했다. 또 그 은하들이 각각 평균적으로 천억 개
정도의 별을 거느리고 있다고 한다. 그러니까 우주에 있는 별의 수는
천억 곱하기 천억 개인 것이다. 정말 상상할 수 없을 만큼 많다.
오늘은 엄청나게 많은 별과 엄청나게 넓은 우주를 생각한 날이다.
온종일 머릿속에서 별이 반짝반짝하는 것 같았다. 그래서인지 잠자리에 누웠는데 좀 어지러웠다. 살짝 엄살을 피워서 엄마와 함께 자기로 했다. 솔이도 어느새 엄마 옆에 누워 있었다. 엄마는 토닥토닥 우리의 등을 두드리며 자장가를 불러 주었다.

"푸른 하늘~🎵 은하수~🎵 하얀 쪽배에~🎵"

"엄마, 지금 노래에 나오는 은하수 말이에요. 우리 은하랑 무슨 관계가 있는 것 같아요."

"맞아, 은하수는 지구에서 바라본 우리 은하의 모습이야. 지구는 우리 은하 속에 묻혀 있어. 그래서 지구에서 우리 은하를 둘러보면 하늘을 길게 가로지르듯이 보이는 거란다. 지구에서는 달걀 프라이 같은 우리 은하의 전체 모습을 볼 수가 없어. 숲에 들어가면 숲 전체의 모습을 볼 수 없는 것과 마찬가지야."

솔이가 졸린 눈으로 칭얼댔다.

"엄마, 재미있는 이야기해 줘."

"그래, 은하수 이야기 보따리를 풀어 볼까? 옛날 옛날 아프리카 동쪽 어느 마을 이야기야. 그 마을에서는 저녁마다 모닥불을 피웠대. 어느 날

호기심 많은 어린이가
궁금해서 물었어. '모닥불
연기는 하늘로 올라가서 무엇이 될까요?'
그날 밤 마을 사람들은 함께 모여서 벌렁 누워
하늘을 보았지. 때마침 하늘을 뿌옇게 가로지르는
은하수가 보이는 거야. 그 뒤로 마을 사람들은 모닥불
연기가 하늘로 올라가서 은하수가 된다고 여겼어.
재미있지?"
어느새 솔이는 새근새근 잠들어 버렸다. 작년 여름에
강원도 동해 바닷가에서 보았던 은하수가 눈앞에
아른거렸다. 뿌연 연기처럼 보였던 것 같기도 하다.
"엄마, 은하수 이야기 더 해 주세요."
"아메리카의 어떤 인디언 부족은
은하수를 '길'이라고 생각했어. 하늘에
사는 동물이 지나는 길 말이야."

"별자리에 이름이 붙은 동물들은 좋겠어요. 그 길로 다니면 될 테니까. 하하!"

엄마도 덩달아 웃었다. 이야기 보따리가 또 풀어졌다.

"은하수는 원래 한자어야. '은빛으로 흐르는 하늘의 강'이라는 뜻이지. 중국에서는 그렇게 여겼나 봐. 우리나라에서는 예부터 은하수를 다른 이름으로도 불렀어."

"뭐라고 불렀어요?"

"미리내! 미리내는 용을 뜻하는 '미르'와 물이 흐르는 '내'가 합쳐진 말이야."

'미리내, 미리내….'

마음속으로 몇 번 되뇌어 보았다. 참 고운 우리말이다.

눈꺼풀이 슬금슬금 내려왔다. 오늘 밤 꿈나라 여행은 미리내로 정했다. 하늘에 사는 용과 만나 미리내에서 헤엄치며 놀아야겠다.

우주 탐험 스물셋째 날

청룡을 타고 은하수를 씽씽!

정말 신기한 꿈을 꾸었다. 미리내에서 멋진 청룡을 만났다. 청룡은
나를 등에 업고 하늘을 날아다녔다. 일곱 빛깔 무지개색 별들이
눈앞에서 빛났다. 불꽃놀이처럼 터지는 별도 보았다.
놀이동산에서 청룡 열차를 타는 것보다 더 신이 났다.

## 별빛이 아름답게 흐르는 은하

우주에는 여러 가지 모양의 은하가 있습니다. 은하의 모양에 따라 나선 은하와 타원 은하로 나누어요. 나선 은하는 소용돌이 모양의 나선 팔을 가지고 있고, 타원 은하는 약간 눌려진 공 모양의 은하입니다.
제각각인 은하의 모양은 어떻게 정해질까요? 은하가 생길 때 회전하는 속도에 따라 모양이 달라질 수 있답니다. 또 은하와 은하가 서로 충돌하면서 모양이 정해지기도 하고요. 나선 은하나 타원 은하에 속하지 않고 독특한 모양을 가진 은하는 불규칙 은하라고 부릅니다.

우리은하 입니다.

# 블랙홀로 빨려 들다

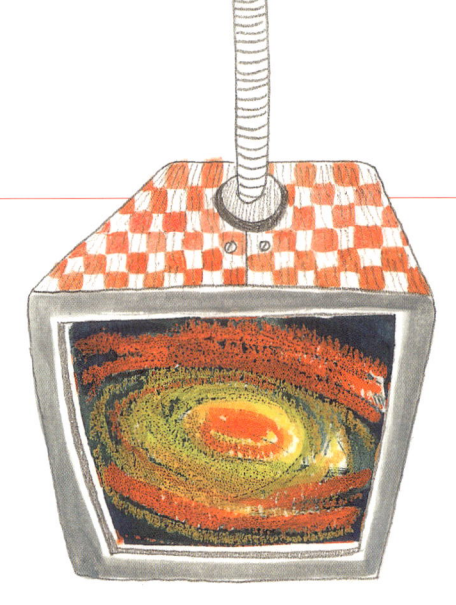

'위이잉 스윽.'

로켓 장치가 꺼지고 우주선은 쥐 죽은 듯 조용해졌다. 아빠는 은하 중심 부근을 더 자세히 조사하기 위해 우주선을 멈춰 세웠다. 우주선 외부 망원경이 재빨리 움직였다. 컴퓨터 화면에는 망원경으로 찍은 사진이 하나씩 올라왔다. 그런데 사진이 바뀔 때마다 아빠 얼굴이 점점 붉어졌다.

"아빠, 어디 아파요?"

"아, 아니. 별이 정말 빨리 도는구나."

컴퓨터 화면을 슬쩍 보았더니 은하 중심 둘레에 별 몇 개가 눈에 띄었다.

"음, 짐작한 대로야. 은하 중심에 강력한 힘을 지닌 것이 숨어 있어."

"그게 뭐예요?"

"태양 질량의 몇억 배는 되겠어."

"에이, 그 정도면 금방 눈에 띄죠. 제 눈엔 아무것도 안 보이는데 도대체 뭐가 숨어 있다는 거예요?"

"블랙홀이야."

이럴 수가! 눈을 씻고 봐도 은하 중심에는 아무것도 안 보였다. 그런데 그곳에 태양보다 몇억 배나 무거운 블랙홀이 숨어 있다니!

"블랙홀은 말이야, 질량은 엄청나지만 크기는 아주 작아. 그렇게 되면 중력이 무척 강해지지. 중력이 너무 세면 빛조차 빠져나오지 못해. 그래서 블랙홀은 눈에 안 보이는 거야."

아빠는 은하 중심에 아주 가까이 도는 별을 가리키며 말했다.

"이 별은 나중에 블랙홀로 빨려 들어갈 수도 있어."

나는 지난번에 초신성이 터졌던 일이 생각났다.

"아빠, 초신성이 터질 때 블랙홀이 생길 수 있대요. 그 블랙홀과 은하 중심의 블랙홀은 서로 달라요?"

### ★ 중력

질량이 있는 모든 물체는 서로 끌어당기는 힘이 있어요. 이 힘을 만유인력, 또는 중력이라 부릅니다. 두 물체 사이의 중력은 질량이 크고 거리가 가까울수록 강해져요. 블랙홀은 질량은 크지만 덩치는 아주 작아요. 그래서 만약 우주선이 블랙홀 가까이 가면 엄청난 중력의 영향을 받게 되지요. 블랙홀 속의 중력은 매우 강하기 때문에 빛도 빠져나올 수 없답니다.

"많이 달라. 수십 배와 수억 배의 차이지."

태양보다 수십 배 무거운 별은 일생을 마칠 때 중심부가 쪼그라들면서 블랙홀이 생길 수 있다. 하지만 은하 중심의 블랙홀은 태양보다 자그마치 수억 배나 무겁다. 정말 놀랍다! 하지만 은하 중심의 블랙홀이 어떻게 만들어졌는지는 아직 확실히 밝혀진 것이 없다고 한다. 생각하면 할수록 블랙홀에 대한 호기심과 궁금증이 더해 갔다.

"과학자들이 블랙홀의 비밀을 밝히려고 열심히 연구하고 있어. 우리도 블랙홀 가까이 왔으니까 잘 조사해 보자."

아빠와 나는 망원경으로 블랙홀을 더 자세히 살펴보기로 했다. 블랙홀 자체는 안 보이지만 블랙홀로 빨려 들어가는 소용돌이는 관찰할 수 있다. 블랙홀 둘레를 소용돌이치는 물질은 엄청나게 빨리 돌면서 굉장히 뜨거워진다. 그리고 온도가 아주 높아지면 강한 에너지를 가진 빛을 내뿜는다.

망원경에 특수한 장치를 연결해서 블랙홀 근처의 소용돌이 지역을 촬영했다. 예상한 것보다 선명하지 않았다. 제대로 관찰하기 위해 우주선을 조금씩 움직여 은하 중심 가까이로 다가갔다. 조심스럽게 천천히….

그때 갑자기 굉장히 밝은 빛이 우주선을 휩쓸고 지나갔다.

"퍽, 드드드!"

전원 장치가 모두 꺼지고 칠흑같이 깜깜해졌다. 방향을 잃은 우주선이 기우뚱거렸다.

"블랙홀 근처에서 강한 에너지 방출이 일어났어!"

아빠는 조종실의 비상 전원을 켰다. 엄마, 솔이, 코코 모두 놀란 표정으로 달려왔다.

"모두 진정하고 자기 자리에 앉아. 지금부터 정신 바짝 차려야 해."

몇 가지 장치를 점검하자 조종실의 컴퓨터들이 정상으로 돌아왔다. 하지만 이미 우주선은 블랙홀을 향해 돌진하고 있었다.

"재범! 우주선 방향을 반대로 돌려."

나는 있는 힘껏 조종간을 돌렸다. 우주선은 방향을 조금 바꾸는가 싶더니 다시 블랙홀 쪽으로 향했다.

"아빠, 블랙홀의 중력이 너무 세요."

"알았어. 모두 꼭 붙잡고 있어!"

아빠는 엄마와 솔이의 안전띠를 확인했다.

"코코, 로켓의 에너지 출력을 최대로 올려."

코코는 내 옆에 앉아서 로켓 조종 장치를 잡아당겼다. 우주선은 굉음을 내면서 뻗어 나갔다. 우주선이 블랙홀에서 서서히 벗어나기 시작했다. 안도의 한숨을 내쉬려는데 코코가 다급하게 외쳤다.

"큰일 났어요! 사차원 로켓의 에너지가 거의 바닥이에요."

"조금만 더 버티면 돼."

30초, 29초, 28초…. 시간이 참 더디게 흘렀다. 나도 조종간을 놓치지 않으려고 꽉 잡고 있었다. 3초, 2초, 1초.

"쾅! 피이익!"

실패했다. 블랙홀의 강한 중력에서 벗어나기 직전에 사차원 로켓

에너지가 바닥나고 말았다. 우주선은 다시 스르륵 방향을 바꾸더니 블랙홀 쪽으로 내달렸다. 엄마 목소리가 들렸다.

"여보, 이제 그만 지구로 돌아가요."

"그게 좋겠어요."

아빠는 고개를 끄덕이며 마지막 남은 순간 이동 로켓 발사 장치를 켰다.

다음 순간, 나는 눈앞이 캄캄해졌다. 세상에나! 순간 이동 로켓이 작동하지 않았다. 아까 있었던 블랙홀 에너지 방출 때 고장이 난 것 같았다. 모두들 꿀 먹은 벙어리가 되었다. 솔이 혼자 눈을 껌벅거리며 말했다.

"우리 집에 갈 수 있어?"

아무도 대답하지 않았다.

그사이 우주선은 점점 블랙홀에 가까워졌다. 아빠는 굳은 얼굴로 입을 열었다.

"블랙홀로 들어가자."

"네?"

모두 기겁을 하고 아빠를 보았다.

"우리 우주선에는 특수 물질이 있어. 그게 우리를 구해 줄지도 몰라."

아빠가 '특수 물질'이라고 적힌 버튼을 눌렀다. 우주선 바깥 여러 곳에서 투명한 물질이 흘러나오면서 우주선을 두껍게 감쌌다. 자세히 보니 전에 코코와 망원경 수리를 할 때 본 그 물질이었다.

"블랙홀에 들어가면 우리가 아직 알지 못하는 공간을 만나게 될 거야. 어떤 일이 벌어질지는 아무도 몰라. 운이 좋다면 우리 태양계와 가까운 곳으로 빠져나갈 수도 있어. 희망을 갖자."
우주선 한가운데 있는 비상 대피실로 갔다. 아빠, 엄마, 솔이, 나 그리고 코코 모두 의자에 앉았다. 철커덕 소리를 내며 안전띠가 채워졌다. 손을 내밀어 서로 꼭 붙잡았다. 우주선은 점점 빠른 속도로 블랙홀에 빨려 들어갔다. 눈을 꼭 감았다.

'팟!'

 우주 탐험 스물다섯째 날

## 블랙홀, 너의 정체를 밝혀라!

책을 보다가 새로운 사실을 알아냈다.
은하들은 대부분 중심에 힘센 블랙홀을 가지고 있다는 것.
그리고 은하가 만들어질 때 블랙홀이 아주 중요한 역할을 한다는 것이다.
우주 과학 공부를 열심히 해서 블랙홀의 비밀을 꼭 알아내야겠다.

# 우주의 구멍, 블랙홀

블랙홀은 어떻게 만들어질까요? 덩치 큰 별은 일생의 마지막 단계에서 초신성 폭발을 일으키지요. 이 때 별의 중심부가 강하게 쪼그라들어 블랙홀을 만들어 낼 수 있답니다. 이보다 훨씬 강한 힘을 지닌 블랙홀도 있어요. 바로 은하 중심부에 숨어 있는 블랙홀이지요. 이 블랙홀의 질량은 태양 질량의 몇억 배나 된답니다.

**은하 중심 부분**
블랙홀은 중력이 아주 강해서 빛도 빠져나오지 못해요. 그래서 볼 수가 없지요. 하지만 블랙홀 주위의 물질들은 아주 강한 빛을 낼 수 있답니다.

### 은하 M87
블랙홀이 있는 은하 중심에서 뿜어져 나온 물질입니다. 블랙홀 주위에 생긴 강력한 힘 때문에 일어나는 현상이지요.

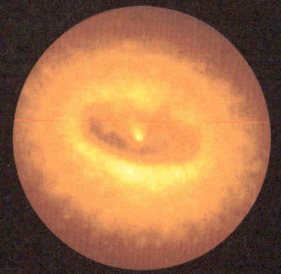

### 은하 중심의 블랙홀-1, 2, 3
둥그런 원반 가운데에 블랙홀이 있어요. 원반의 물질은 블랙홀 속으로 빨려 들어가고 말 거예요.

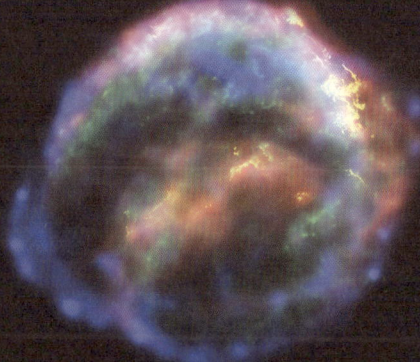

### 초신성의 별 부스러기
초신성이 폭발하면서 별 부스러기가 사방으로 퍼져 나갑니다. 덩치 큰 별이 초신성 폭발을 일으키면 별의 중심부는 강하게 쪼그라들면서 블랙홀을 만들 수 있어요.

나도 몰라. 내가 블랙홀의 비밀을 알아낼 정도로 똑똑하다면 사람이 되는 방법부터 연구했겠지. 헤헤!

## 별가족, 지구의 품으로!

누군가 내 이마에 손을 올려놓는 느낌이 들었다. 맥없이 눈을 떴는데 흰 옷을 입은 사람이 눈앞에 어른거렸다.

"여기가 어디죠? 혹시 하늘나라에 온 건가요?"

놀랍고 무서워서 이불을 다시 뒤집어썼다.

'이 나이에 벌써 세상을 뜨다니, 흑흑.'

닭똥 같은 눈물이 뚝뚝 떨어졌다. 엉엉 울음을 쏟아 내고 있는데 갑자기 코코의 목소리가 들렸다.

"울음 뚝! 지구에 잘 도착했으니까 안심해."

깜짝 놀라 눈을 부릅뜨고 벌떡 일어나 앉았다. 코코가 의사 선생님과 나란히 서 있었다.

"몇 가지 검사를 마치면 곧 퇴원할 수 있을 거야."

"휴, 천만다행이다."

코코는 내 옆에 앉아서, 블랙홀로 들어간 다음에 벌어진 일을 이야기해 주었다. 우주선이 블랙홀에 빨려 들어가자마자 모두 정신을 잃었다고 한다. 우주선 컴퓨터의 자동 기록 장치에 아무런 내용도 기록되지 않아서 블랙홀 속에서 어떤 일이 있었는지는 알 길이 없다. 하지만

운 좋게도 우리 우주선은 비밀 통로를 찾아내 블랙홀을 빠져나올 수 있었다. 그때 코코만 간신히 깨어났다고 한다.

우리가 쓰러져 있는 사이 코코는 있는 힘을 다해 고장 난 순간 이동 로켓을 고쳤다. 그리고 북극성을 찾아내서 방향을 정하고 다시 지구로 돌아온 것이다.

"코코야, 고마워."

별가족 모두 건강을 되찾고 무사히 집으로 돌아왔다. 코코와 함께 살게 되어서 아주 기쁘다. 오늘은 동네 친구들에게 우주 탐험 이야기를 신나게 들려주었다. 내가 맨 마지막에 한 말은 바로 이거다.

"우주에서 가장 아름답고 가장 소중한 별은, 우리 지구야!"

# 매일 저녁 하늘을 보자!

**봄** 국자 모양의 일곱 별을 찾았니? 북두칠성이야. 북두칠성에서 목동자리를 지나 처녀자리까지 커다란 곡선을 그려봐. 이 곡선을 봄의 큰 곡선이라고 부르는데, 봄 하늘의 별자리를 찾는 길잡이란다.
사자자리를 한번 볼래? 제일 밝은 별은 레굴루스야. 그 위쪽으로 별들이 낫 모양으로 휘어져 있어.
사자자리의 꼬리별 데네볼라는 아르크투루스, 스피카와 더불어 삼각형을 이룬단다.

## 겨울

오리온자리는 밝은 별이 여럿 있어서 쉽게 찾을 수 있어. 베텔게우스는 붉은빛을 내고 반대쪽의 리겔은 청백색으로 빛나는구나. 오리온자리 한가운데 나란히 있는 세 별도 금방 눈에 들어올 거야. 큰개자리의 시리우스는 온 하늘에서 별자리를 만드는 별 가운데 제일 밝게 빛난단다. 작은개자리의 프로키온까지 찾고 나면 겨울의 큰 삼각형을 그릴 수 있어.

교과부, 문광부, 환경부가 우수도서로 인증한

# 토토 과학상자 시리즈

우리나라 과학 전문 필자가 우리 어린이의 눈높이에 맞춰 쓴 과학책!
생물 지구과학 물리 화학 등 모든 과학 분야의 기본 원리를 친절하게 알려줍니다.

 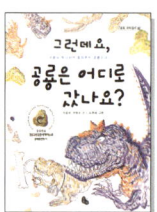   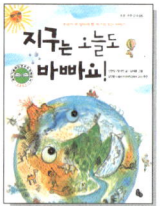 

  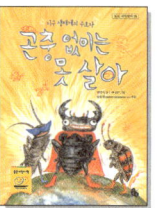  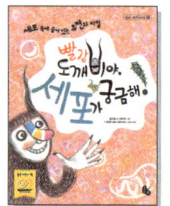     

〈토토 과학상자〉는 24권까지 모두 나왔습니다.
홈페이지 www.totobook.com에서 과학퀴즈를 풀고 상품을 받으세요.

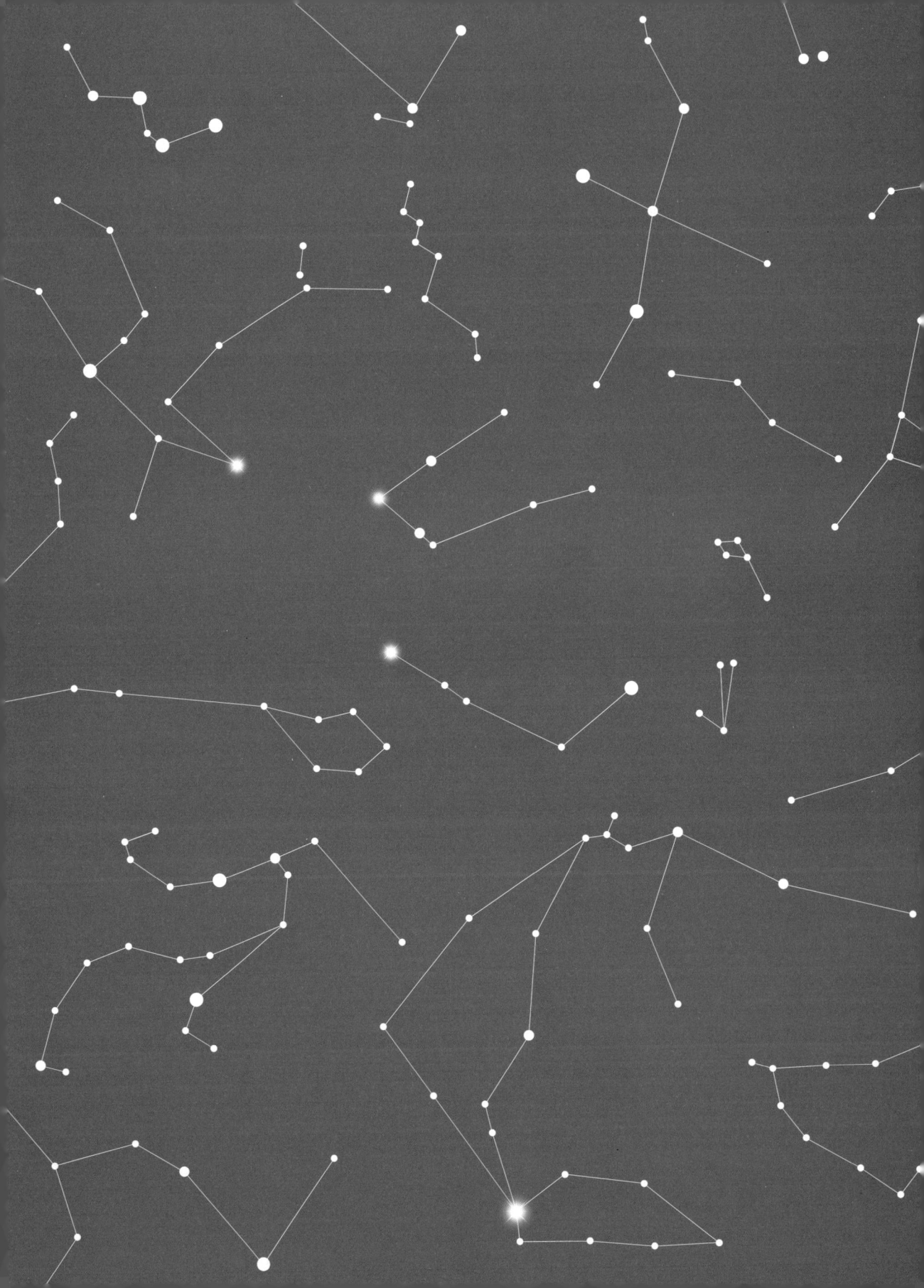